JN020780
あたまがよくなる!
なぞなぞ
366日DX
デラックス
監修
脳科学者
篠原菊紀
西東社

どんどん 寝る前5分で あたまがきたえられる ポイント

この本のなぞなぞであたまがきたえられる
4つのポイントをしょうかいするよ。

寝る前にとくと こうかアップ！

ひらめくようなもんだいをといてから寝ると、ひらめき力がアップするというけんきゅうがあるんだ！　寝る前に1日5分でいいので毎日つづけてみよう。集中力や根気もつくよ。

どんどん レベルアップするもんだい！

この本には7つのレベルがよういされているよ。レベルが進むごとに、もんだいも少しずつむずかしくなっていくんだ。やればやるほど、あたまをきたえることができるよ！

わたしからのヒントも
よく読んでといてみよう！

4しゅるいのもんだいがあたまをしげき！

この本のなぞなぞをとくと「ひらめき力」「そうぞう力」「考える力」などさまざまな力をきたえることができるよ。そのヒミツはもんだいのしゅるい！　いろいろなしゅるいのもんだいをとくことで、バランスよくあたまをきたえることができるんだ。

ひらめき力が上がるもんだいだよ。

あたまをやわらかくするもんだいだよ。

しっかり考える力がつくもんだいだよ。

いろいろな力を使ってとく、少しむずかしいもんだいだよ。

めいろやまちがいさがしで飽きずにつづけられる！

なぞなぞのほかに、めいろ、まちがいさがし、えさがし、えしりとり、みつけようのおたのしみもんだいがたっぷり。楽しみながら毎日つづけてみよう！

この本のあそび方

毎日、もんだいをといていこう！

もんだいはここ！

なぞなぞのもんだいをよく読んで考えてみてね。1日、2もんか3もんだよ。ひっかけなぞなぞやえときなぞなぞもあるよ。また、あるなしクイズやぶんるいクイズも出てくるよ。

めくる

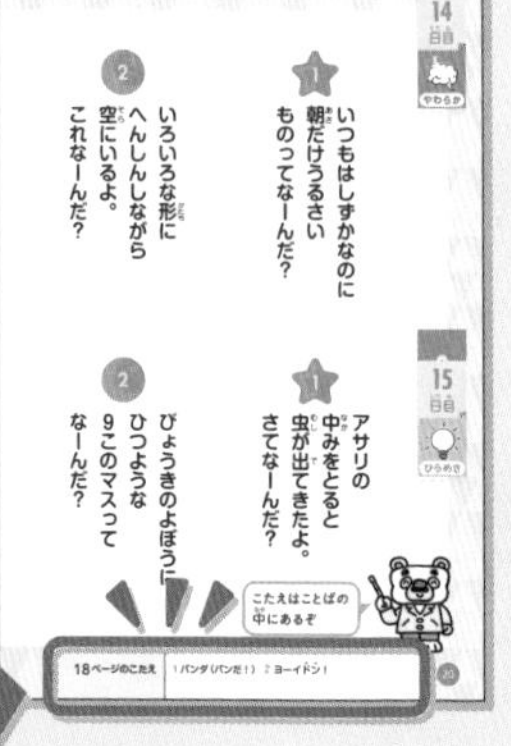

めくったページの下にこたえがあるよ。ページ数ともんだいのばんごうをよくみてこたえをかくにんしてね。

こたえはここ！

わからないときは
ヒントを出してもらったり、
こたえをみたりしても
いいよ。少しずつ
とけるようになればOK！

毎日つづけると
こうかもアップ！
でもむりだなと思ったら
お休みしていいぞ

もくじ

おたのしみもんだい

レベル1
森のたんけん
1日目
やわらか
1
カニとヒトデが
たたかっているよ。
かったのは
どっちかな？
2
トイレに行けば行くほど
どんどんやせちゃう
ものってなーんだ？

2
日目
ひらめき
1
カンガルー、ペリカン、
スカンク、
みんながもっている
ものってなーんだ？
2
ペンはペンでも
ぽんぽんはねそうな
ペンってなーんだ？

1

きいろい体にちゃいろのぼうしをかぶったおいしいお山ってなーんだ？

2

まっかな顔をしてふたりで手をつないでいるよ。これなーんだ？

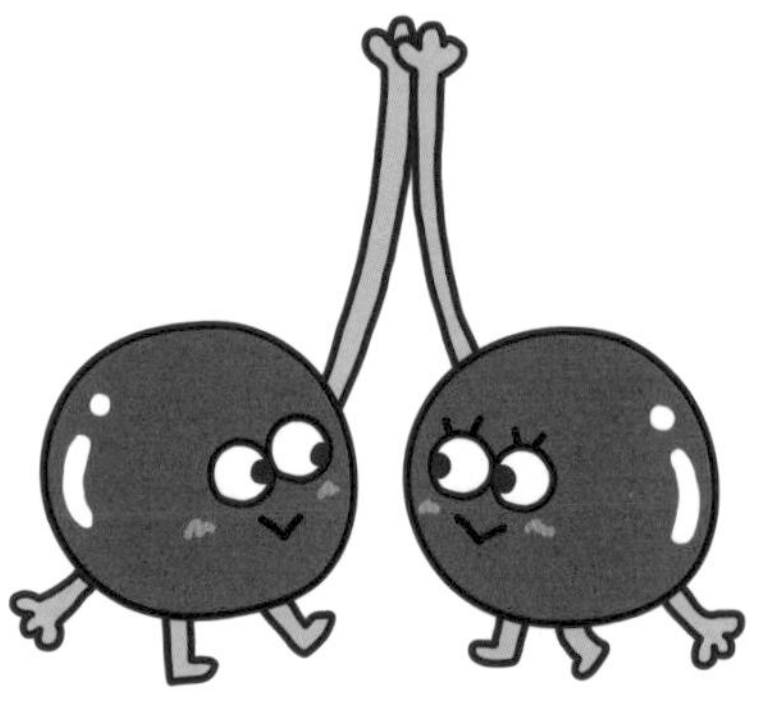

6ページのこたえ　1 カニ（じゃんけんにかった）　2 トイレットペーパー

かばんの中（なか）にかくれているどうぶつってなーんだ？

2

買（か）いものかごにいつも入（はい）っているやさいってなーんだ？

7ページのこたえ
1 カン（カンガルー、ペリカン、スカンク）
2 ボールペン

1

体は細くて
ほねがくろい、
頭が三角のものって
なーんだ?

2

おなかがすいている
ときはうごかず、
おなかがいっぱいだと
とんでいっちゃうよ。
これなーんだ?

8ページのこたえ　1 プリン　2 さくらんぼ

1

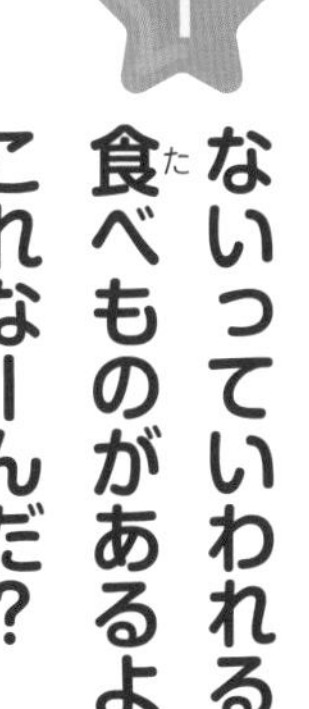

あるのに
ないっていわれる
食べものがあるよ。
これなーんだ？

2

イカはイカでも
丸くてしましまで
みどりいろ、
中があかいイカって
なーんだ？

9ページのこたえ　1 カバ（かばん）　2 いも（かいものかご）

えとき なぞなぞ

1

どうぶつが出て（で）きたよ。さてなーんだ？

2

わらっている食べ（た）ものがあるよ。これなーんだ？

10ページのこたえ　1 えんぴつ　2 風船（ふうせん）

1

頭の上にまっかな
小さいぼうしをつけた
しろとくろの
のりもの、なーんだ？

2

やおやさんでいつも
オレンジいろの顔を
しているのは
なにじんかな？

11ページのこたえ　1 ナシ　2 スイカ

えさがし

このえの中(なか)から4ひきのネコをさがしてね。

12ページのこたえ　1キリン　2ハム（ハ6）

こたえは314ページへ

13ページのこたえ　1 パトカー（パトロールカー）　2 ニンジン

サイが口(くち)から
はいた
やさいって
なーんだ？

2

高(たか)いところに
目(め)がついている
生(い)きものって
なーんだ？

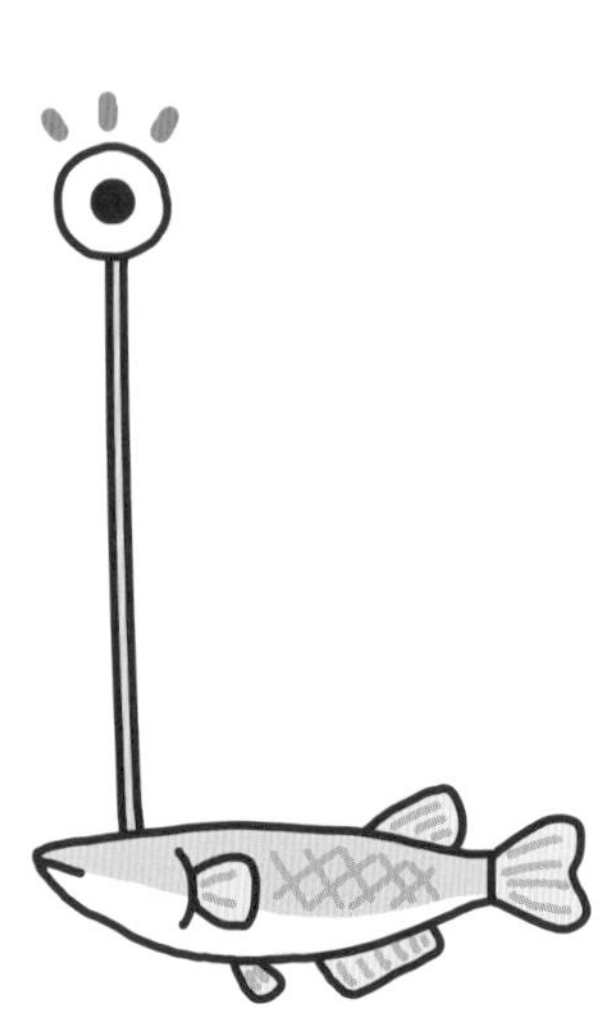

1

晴れていてもプールやおふろでふってくる雨ってなーんだ？

2

自分の家をしょっている生きものってなーんだ？

パンやさんを
みつけるのが上手な
どうぶつって
なーんだ？

2

うんどう会で
たくさん出てくる
どんぶりって
なーんだ？

16ページのこたえ　1 ハクサイ　2 メダカ

でこぼこの
ちゃいろい顔に
みどりいろのかみが
はえているくだもの
なーんだ？

2

ふくと丸くなって
われるときえるよ。
これなーんだ？

17ページのこたえ　1 シャワー　2 カタツムリ

14日目
やわらか

いつもはしずかなのに
朝だけうるさい
ものってなーんだ？

2

いろいろな形に
へんしんしながら
空にいるよ。
これなーんだ？

15日目

ひらめき

アサリの
中みをとると
虫が出てきたよ。
さてなーんだ？

2

びょうきのよぼうに
ひつような
9このマスって
なーんだ？

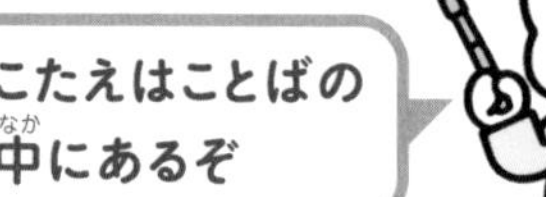

18ページのこたえ　1 パンダ（パンだ！）　2 ヨーイドン！

1

ハムスターが
ハムを食べちゃったら
なにになるかな?

2

イヌでもないのに
ほえるものって
なーんだ?

19ページのこたえ　1パイナップル　2シャボン玉

ひっかけなぞなぞ

17日目 ひらめき

1
お日さまのまわりを
くるくる回っている
ものってなーんだ？

2
ヒツジの
おなかをかくすと
体のあるところが
出てくるよ。
さてなーんだ？

朝と夜の間には
なにが
あるかな？

2
アイスクリームを
れいぞうこに
入れておいたのに
とけちゃったよ。
なんでかな？

20ページのこたえ
1 目ざまし時計　2 雲
1 アリ（アサリの「サ」をとる）　2 マスク（マス9）

19日目

ひらめき

まちがいさがし

下のえから上のえとちがうところを3こみつけてね。

こたえは314ページへ

21ページのこたえ　1 スター　2 ちゃわん、おわん

1

きるとイヌが
ピースサインをする
ふくってなーんだ?

2

パンジーを
レンジであたためたら
出てきたどうぶつって
なーんだ?

22ページのこたえ
1 ヒマワリ　2 ひじ（ヒツジの「ツ」をかくす）
1「と」の文字　2 れいとうこに入れなかったから

1

どんなによんでもへんじをしてくれないものってなーんだ？

2

キリンやライオンが出てくるとおわっちゃうあそびってなーんだ？

1

自分から出かけても
すぐに家に
もどりたくなる
生きものってなーんだ？

2

あるところで
ねころんだら
プーンと
へんなにおいがしたよ。
なんの上かな？

24ページのこたえ　1 ワンピース　2 チンパンジー

23
日目
やわらか

ひっかけなぞなぞ

1

どんなに
おしゃべりな人でも
しずかになっちゃうのは
どんなときかな？

2

クリスマスに
かならずいる
どうぶつって
なーんだ？

25ページのこたえ　1 本　2 しりとり

1

トリはトリでも
ひもをつかんだり
ひねったりする
トリってなーんだ？

2

イモリが
いなくなったのは
どーこだ？

26ページのこたえ　1 カエル　2 草（くさっ）

25日目

1

のみものをのむときに出てくる数字が2つあるよ。さてなーんだ？

2

サル、イヌ、キツネ、ブタの中でマスクをしてといわれてしまうのはどーれだ？

27ページのこたえ
1 ねているとき
2 リス（トナカイじゃないよ。クリスマス）

1

いたずらっこの下にかくれているどうぶつってなーんだ？

2

きはきでもクリスマスに食べるあまーいきってなーんだ？

3

カンはカンでも魚がいっぱいおよいでいるカンってなーんだ？

28ページのこたえ　1 あやとり　2 森（イモリから「イ」なくなった）

えときなぞなぞ

1

おやつに食べたいものだって。さてなーんだ？

2

このぼくじょうにいるどうぶつってなーんだ？

29ページのこたえ　1 5と9（ゴクゴクのむ）　2 キツネ（コンコンいうから）

1

サイはサイでも
コロコロころがる
サイってなーんだ?

2

いるのにいないって
いわれてしまう
どうぶつって
なーんだ?

30ページのこたえ
1 ラッコ(いたずらっこ) 2 クリスマスケーキ
3 すいぞくかん

1

1から9の中に
さされたら
いたい虫がいるよ。
さてなーんだ？

2

ツルやカエル、
お花にも
へんしんできるよ。
これなーんだ？

31ページのこたえ　1 たいやき　2 うし（う4）

1

おならをするのが
すきな子が
しちゃうことって
なーんだ？

2

夜ねるときに
つかうのに
じゃまだといわれる
ものってなーんだ？

32ページのこたえ　1 サイコロ　2 イヌ

1

いつもリビングにいる、みんなにみられて、てれちゃうものってなーんだ？

2

入り口は1つ、出口は2つのふくってなーんだ？

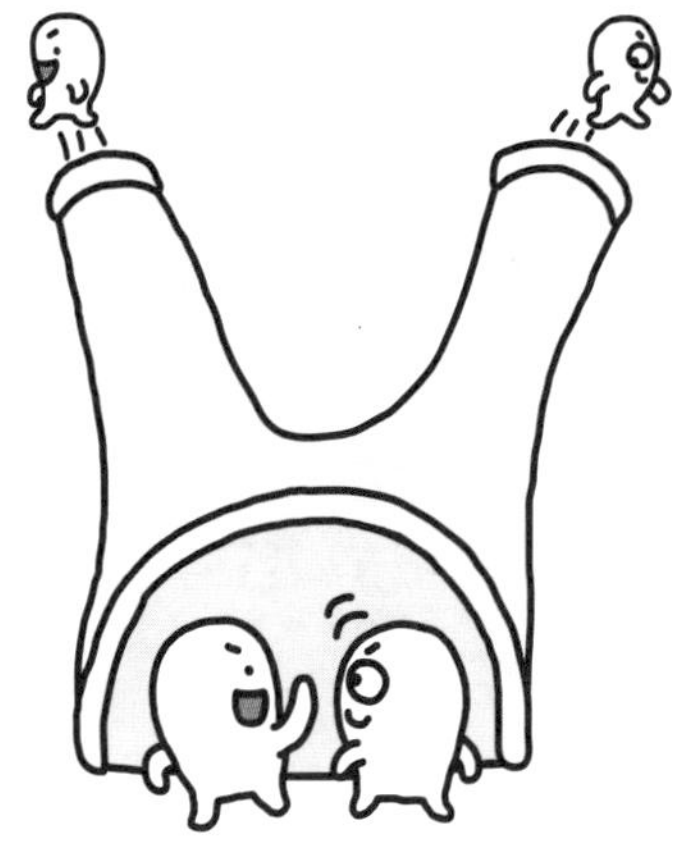

33ページのこたえ　1 8（ハチ）　2 おりがみ

ひらめき

おちゃはおちゃでも
やおやさんに売っている
おちゃって
なーんだ？

2

カイが10こあつまると
こわい生きものに
へんしんしたよ。
これなーんだ？

34ページのこたえ　1スキップ　2パジャマ

33 日目（にちめ）

ひらめき

えしりとり

えでしりとりをしながらスタートからゴールまですすんでね。

※ななめにはすすめないよ

こたえは314ページへ

35ページのこたえ　1 テレビ　2 ズボン、パンツ

あるなしクイズ

「ある」のことばにあって、「ない」のことばにないものってなーんだ？

1

ある	ない
サバク	しばふ
アジサイ	ヒマワリ
ひらめき	すいり

2

ある	ない
クロワッサン	メロンパン
ちょきんばこ	たからばこ
シロップ	ソース
ちゃわん	おわん

36ページのこたえ　1 カボチャ　2 かいじゅう

35日目

ひらめき

1

パイはパイでもレモンを食べると出てくるパイってなーんだ？

2

ブリの中に6こ入れるとできるやさいってなーんだ？

3

トラが9頭のっているものってなーんだ？

1

ウナギに
みじかいぼうをさしたら
どうぶつに
へんしんしたよ。
なにになったかな？

2

土（つち）の中（なか）にコーンを
9こうめたら
なにになったかな？

38ページのこたえ
1 魚（さかな）の名前（なまえ）（サバ、アジ、ヒラメ）
2 いろ（くろ、きん、しろ、ちゃ）

1

1から9の中で
みんなが
しずかになる
数字ってなーんだ?

2

ガム、はな、ひもの中で
1つだけ
ちがうものって
どーれだ?

1

学校で
こわい話をするのに
ぴったりなところって
どーこだ?

2

大きな大きな
いろって
なにいろかな?

39ページのこたえ　1 すっぱい　2 ブロッコリー（ブ6こり）　3 トラック

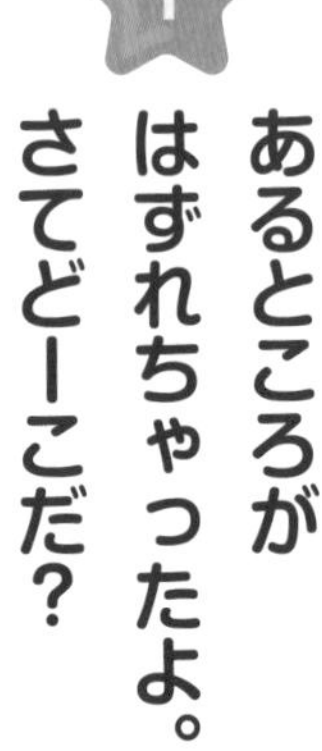

あるところが
はずれちゃったよ。
さてどーこだ？

2

さて
今日（きょう）のメニューは
なーんだ？

40ページのこたえ　1 ウサギ　2 きゅうこん（9コーン）

40 日目

ひらめき

おならばかりしている子はなんさいかな？

2

かくれんぼのオニがもっているのは、いいカイ？わるいカイ？

まゆげの上にいるこってどんなこかな？

2

おなかがいっぱいになるとからっぽになっちゃうはこってなーんだ？

41 ページのこたえ

1 4（しー）　2 ひも（ほかは「かむもの」）

1 かいだん　2 だいだいいろ

レベル 2

さばくのたんけん

42 日目（にちめ）

ひらめき

1

いつも4をほしがる、えをかくどうぐってなーんだ？

2

ゾウがおこってたたこうとしているものってなーんだ？

42ページのこたえ　1 あご（あ5）　2 シチュー（4ちゅー）

43ページのこたえ

1 9さい（くさい）　2 いいカイ（もういいかい）
1 おでこ　2 おべんとうばこ

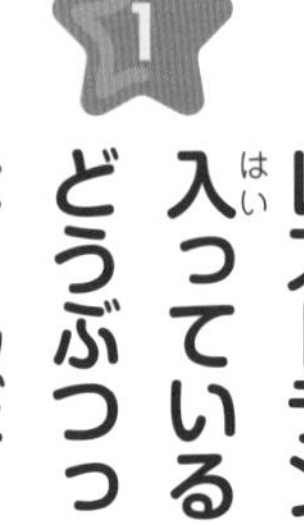

レストランの中に入っているどうぶつってなーんだ？

2

おとうさんがきらいなくだものってなーんだ？

44ページのこたえ　1 クレヨン（くれ4）　2 ぶつぞう（ぶつゾウ）

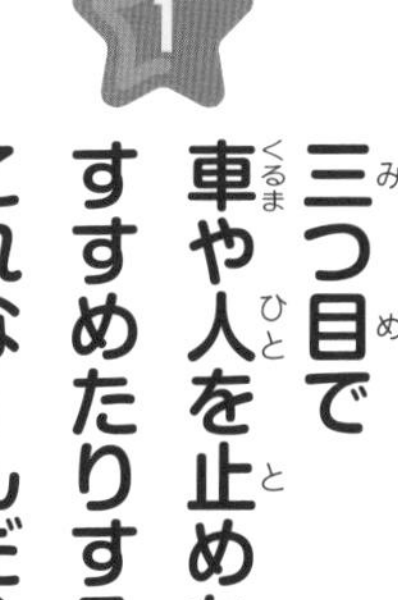

1

三つ目で
車や人を止めたり
すすめたりするよ。
これなーんだ？

2

同じえなのに
いろだけ
みんなバラバラ。
これなーんだ？

45ページのこたえ　1 食パン　2 なっとう

1

ひろばにかくれた
どうぶつがいるよ。
これなーんだ？

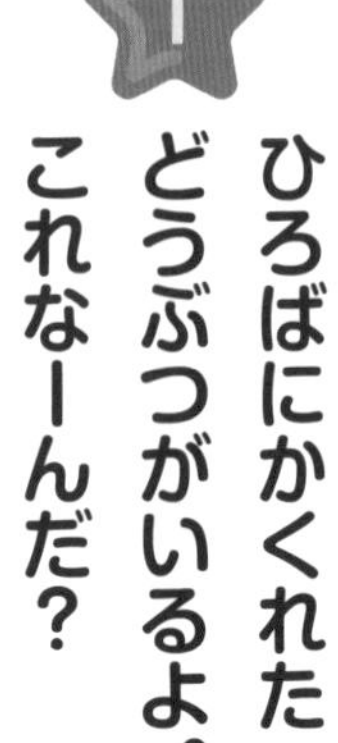

2

いすはいすでも
きいろいふとんに
あかいもようのおいしい
いすってなーんだ？

46ページのこたえ　1 トラ（レストラン）　2 パパイヤ

さむい日につかうとあたたかくなるいろってなんーだ？

やき肉、ラーメン、しゃぶしゃぶ、みんながさいしょに手をつけるのは？

48日目 ひらめき

かさが
ひっくりかえったのは
どーこだ？

2

小川のまん中に
とまっている
虫ってなーんだ？

夜、空を
ながれている
ものって
なーんだ？

2

きいろの体に
きみどりいろの
ふくをきて
ひげがはえているよ。
このやさいなーんだ？

ことばかられんそう
してみよう

48ページのこたえ　1 ロバ（ひろば）　2 オムライス

ペンキのふたが
あかなくて
つかえない
いろがあったよ。
さてなにいろかな？

よろこんだ子イヌが
おならをしちゃうくらい
たのしい外のあそびって
なーんだ？

49ページのこたえ　1 カイロ　2 おはし

めいろ

とちゅうのなぞなぞをときながら
スタートからゴールまですすんでね。

50ページのこたえ
1 さか　2 ガ（おがわ）
1 ながれ星　2 とうもろこし

こたえは315ページへ

51ページのこたえ　1 あか（あかない）　2 キャンプ

1

シマウマ、パンダ、タヌキ、ウシの中で1つだけちがうものってどーれだ？

2

1から9の中にあるよこになるとおしりになる数字ってなーんだ？

にわで
ひっくりかえっている
どうぶつって
なーんだ？

2

いすはいすでも
つめたくて
おいしいいすって
なーんだ？

イルカの
おなかをかくすと
ほかの生きものに
へんしんしたよ。
さてなーんだ？

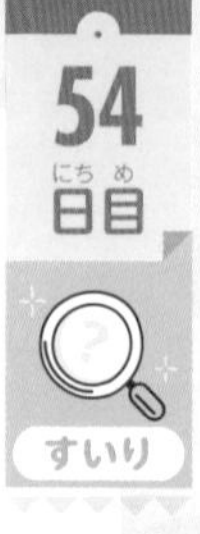

1

この食(た)べものって
なーんだ？

2

このどうぶつたちは
どこで
くらしているかな？

54ページのこたえ　1 タヌキ（ほかは白(しろ)と黒(くろ)）　2 3

55日目
ひらめき

「リンリンリン」とならしながら走る車ってなーんだ?

2

店でさか立ちしている虫ってなーんだ?

56日目

すいり

ハムスター、フクロウ、チンパンジーの中で食べものをもっていないのはどーれだ?

2

フライパンでお肉をやくときに出てくる数字ってなーんだ?

名前の中に食べものがかくれているぞ

55ページのこたえ　1ワニ　2アイス　3イカ

1

虫かごの中に入っているどうぶつってなーんだ?

2

サイはサイでもみんなに耳をふさがれちゃうサイってなーんだ?

56ページのこたえ　1ちゃわんむし　2どうぶつ園(どうぶつ円)

1

まっくろの体に
しろとくろの
はがならんだ大きな口。
これなーんだ？

2

まわりながら
ひもをのぼったり
おりたりする
おもちゃってなーんだ？

57ページのこたえ
1 三りん車　2 セミ（みせのはんたい→せみ）
1 フクロウ（ハムスター、チンパンジー）　2 10（ジュー）

1

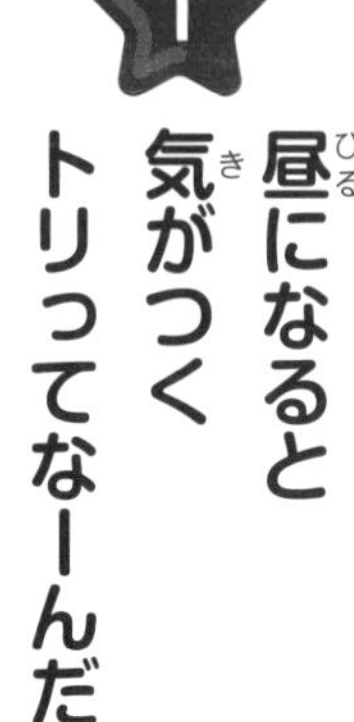

昼になると
気がつく
トリってなーんだ？

2

カゼをひいて
せきをしている人が
歩けるのは
何歩かな？

58ページのこたえ　1 シカ（むしかご）　2 うるさい

1

あなのあいた
丸（まる）くてあまい
なつってなーんだ？

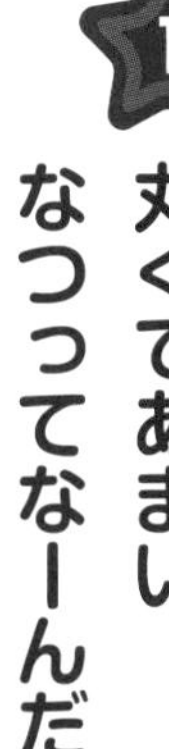

2

雨（あめ）の日（ひ）につかう、
ほねとかわしかない
ものってなーんだ？

3

夜（よる）おそくなると
口（くち）から出（で）てくる
くびってなーんだ？

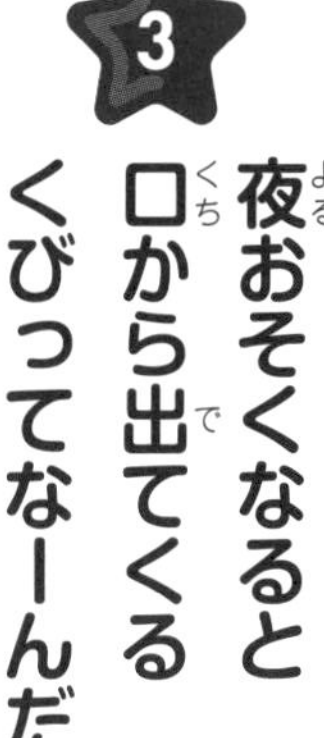

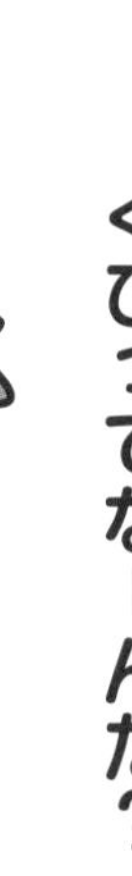

59ページのこたえ　1ピアノ　2ヨーヨー

おさいふの中に
入っている
どうぶつって
なーんだ？

2

ビルはビルでも
しゃべるビルって
なーんだ？

やぁ

えっ

1

ウマや馬車がおなじところをグルグル回っているよ。これなーんだ？

2

とべないけれど羽があって、夏をすずしくするものってなーんだ？

61ページのこたえ　1ドーナツ　2カサ　3あくび

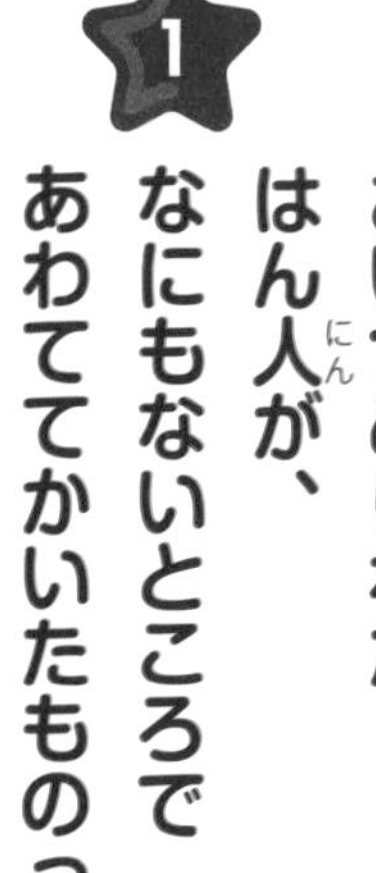

1

おいつめられた
はん人が、
なにもないところで
あわててかいたものって
なーんだ？

2

口の中に
ぼうを2本、
よこに入れたら
なにに
なったかな？

かん字をおもいうかべてみよう

62ページのこたえ　1サイ（おさいふ）　2くちびる

えさがし

このえの中から3本のきのこをさがしてね。

こたえは315ページへ

63ページのこたえ　1メリーゴーラウンド　2せんぷうき

原っぱの中に
かくれている
がっきってなーんだ？

2

ササから
ぼうを2本
とったらできる
数字ってなーんだ？

3

ひっくりかえって
プッカ、プッカと
ういている
ものってなーんだ？

64ページのこたえ　1あせ　2目

この食べものってなーんだ？

2

この岩にかくれている魚ってなーんだ？

岩はなんこあるかな

1
タイはタイでも
たたくと音がする
タイってなーんだ？

2
コアラが
あたまに
子をのせて、
おしりをかくして
のんでいるものって
なーんだ？

1
せかいでいちばん
長いトンネルは
どこからどこまで
つづいているかな？

2
がんじょうな船が
しゅっぱつしてすぐに
しずんだよ。
どうしてかな？

66ページのこたえ　1らっぱ（はらっぱ）　2 7（ナナ）　3カップ

えとき なぞなぞ

1

あかちゃんが
ほしがっている
ものってなーんだ？

2

女(おんな)の子(こ)が
みているものって
なーんだ？

67ページのこたえ　1うどん　2イワシ（岩(いわ)4）

あるなしクイズ

「ある」のことばにあって、「ない」のことばにないものってなーんだ？

ある	ない
ライオン	オオカミ
にんげん	どうぶつ
ミカン	バナナ
こうえん	学校

ある	ない
ゴリラ	サル
シカ	ヒツジ
ワニ	サメ
かいじゅう	きょうりゅう

68ページのこたえ
1 たいこ　2 ココア（ココアラ）
1 入り口から出口まで　2 せんすいかんだったから

1

ベルが5回なると
出てくる
くだものって
なーんだ?

2

くつはくつでも
ひま〜なくつって
なーんだ?

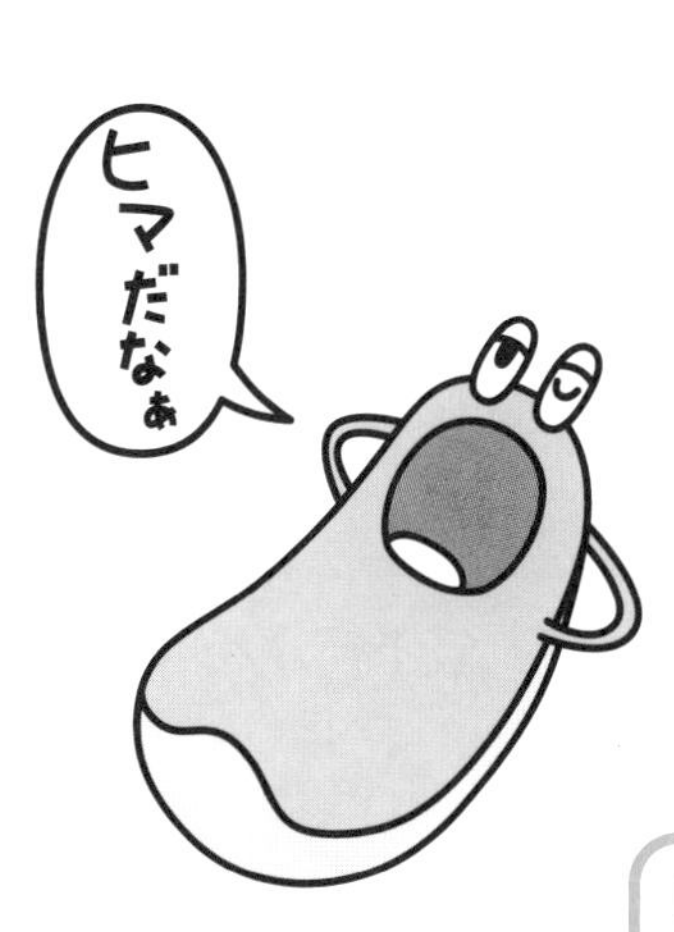

69ページのこたえ　1おむつ（お6つ）　2かがみ（「か」が「み」）

1

年に1回、大人から子どもにおとす玉ってなーんだ？

2

だれでも1年に1つはとれるけど、2つはとれないものってなーんだ？

70ページのこたえ　1「ん」の文字　2 数字（5、4、2、10）

1

ハチ、時計(とけい)、トンボ、ちゅうしゃきの中(なか)で1つだけちがうものってどーれだ?

2

1から9の中(なか)にかくれているきょうだいってだーれだ?

71ページのこたえ　1リンゴ　2たいくつ

ごはんを食べる前に
だくものって
なーんだ?

2

ネットはネットでも
てつにくっつく
ネットって
なーんだ?

大工さんに
頭をたたかれて
どんどん小さくなる
ものってなーんだ?

2

歩けないけど、
人をのせるのはとくいな
4本足のものって
なーんだ?

72ページのこたえ　1お年玉　2年れい

1

タイはタイでも
おとうさんの首に
ぶら下がっている
タイってなーんだ？

2

キャベツのはをとっても
なにもないけど、
ハクサイの
はをとるとする
においってなーんだ？

プ〜ン

73ページのこたえ　1トンボ（ほかははりがある）　2にいさん（2、3）

77日目

やわらか

ひっかけなぞなぞ

1 日本一大きな家と
日本一小さな家を
たてたのは
だーれだ？

2 ボールに
ペンをさしたら
どうなったかな？

78日目

ひらめき

1 くつはくつでも
へやの中で
はいてもいい
くつってなーんだ？

2 「カンカンカン」と
3回音がなったら
出てくる
くだものってなーんだ？

74ページのこたえ
1いた（いただきます） 2マグネット
1くぎ 2いす

人(ひと)が
よこにぼうを
かかえると
どうなるかな？

かん字(じ)をおもい
うかべてみて

みんなが
引(ひ)っぱろうとする
のりものって
なーんだ？

75ページのこたえ　1ネクタイ　2くさい（ハクサイから「は」をとる）

80日目 ひらめき

1
カスタネットの中から出てきた小さいものってなーんだ？

2
しょっぱいけものってなーんだ？

1
いたにタイがぶつかったよ。タイはなんていったかな？

2
もちはもちでもつくといたいもちってなーんだ？

76ページのこたえ
1 大工さん　2 空気がぬけた
1 くつした　2 ミカン（3カン）

1

歩くとあとを
つけてくる
ものってなーんだ?

2

自分が大きくなるほど
小さくなるものって
なーんだ?

77ページのこたえ　1大きくなる（人+一で「大」）　2ひこうき

1 エスカレーターのまん中(なか)においてある食(た)べものってなーんだ？

2 きはきでも音(おと)の出(で)るきってなーんだ？

3 いつまでもいてほしいのにさっていってしまうどうぶつってなーんだ？

78ページのこたえ
1タネ（カスタネット）　2つけもの
1いたい　2しりもち

84 日目（にちめ）

ひらめき

まちがいさがし

下（した）のえから上（うえ）のえとちがうところを4こみつけてね。

こたえは315ページへ

79ページのこたえ　1 かげ　2 ふく、くつ

85日目 ひらめき

どんなてぶくろにも
ついてくる
いろってなーんだ？

2

クリはクリでも
ケーキにのっている
あまいクリって
なーんだ？

コアラ、ラッコ、
コウモリ、こぐま
の中でこどもが
いないのは
どーれだ？

2

さかさまにすると
3つへっちゃう
数字ってなーんだ？

なぞなぞの文を
よ～く読んでみて

80ページのこたえ　1 カレー（エスカレーター）　2 がっき　3 サル（去る）

1

朝になると
ライオンみたいに
ほえちゃう
花ってなーんだ?

2

サイはサイでも
帰ってきた人を
むかえるときに出てくる
サイってなーんだ?

88日目

ひらめき

1

もちはもちでも
おもいものを
もち上げる
もちってなーんだ？

2

シイタケのしたを
かくしたら
あるものが出てきたよ。
なにかな？

89日目

やわらか

1

目をあけて
かがみの前に立っても
自分がみえなかったよ。
なんでかな？

2

きのうも
今日もあったのに
明日にはないもの
ってなーんだ？

文字にちゅうもく
してみよう

82ページのこたえ

1くろ（てぶくろ）　2クリーム
1こぐま（こどもだから）　2 9（さかさまにすると6）

1

コインをならべかえると出てくるトリってなーんだ？

2

おもちゃの中に入っている食べものってなーんだ？

83ページのこたえ　1 アサガオ　2 おかえりなさい

ぶんるいクイズ

上のことばはⒶとⒷどっちのグループに入るかな？

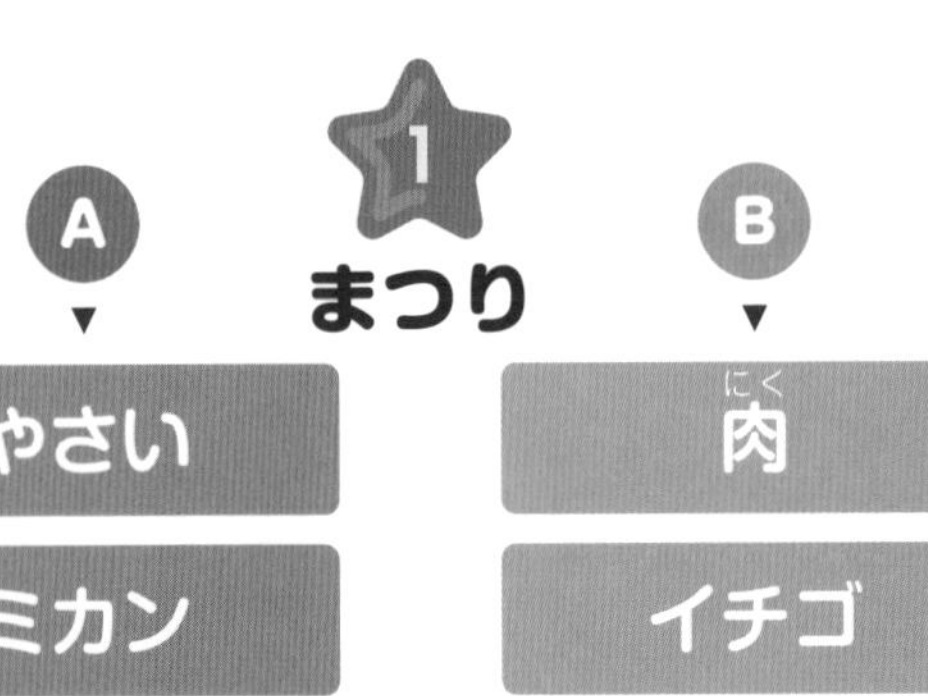

1 まつり

Ⓐ	Ⓑ
やさい	肉
ミカン	イチゴ
休み	学校

頭になにかことばをつけてみて

2 あせ

Ⓐ	Ⓑ
けしゴム	えんぴつ
あくび	いびき
せいざ	あぐら

84ページのこたえ
1 力もち　2 いけ（シイタケの「シ」と「タ」をかくす）
1 うしろむきに立ったから　2「き」と「う」の文字

ちょうだいといっても
ぜったいにくれない
車ってなーんだ?

2

きらいな人がいない
冬のスポーツって
なーんだ?

くすりや、
ぶんぼうぐや、本や、
行くとつい
わらっちゃうのは
どーこだ?

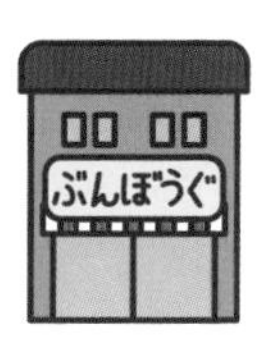

85ページのこたえ　1 インコ　2 もち（おもちゃ）

レベル3
ジャングルのたんけん
93日目
ひらめき
1
水とうの中から
出てきたものって
なーんだ？
2
カイはカイでも
とても大きい
カイってなーんだ？
86ページのこたえ
1 A（Aは、頭に「夏」がつく） 2 B（Bは、かくもの）

87ページのこたえ　1 クレーン車　2 スキー　3 くすりや（くすりっ）

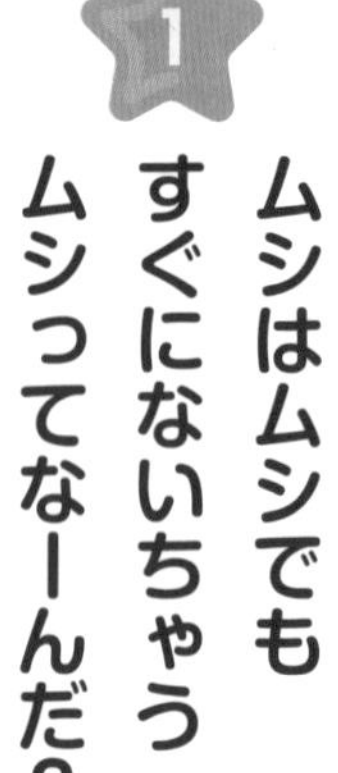

1

ムシはムシでも
すぐにないちゃう
ムシってなーんだ？

2

空（そら）にある
もりってなーんだ？

88ページのこたえ　1 いと（すいとう）　2 でかい

1

遠足で
みんながもっていく
中がくさいものって
なーんだ?

2

1日1回は
海にしずんでしまう
ものってなーんだ?

89ページのこたえ　1 3歩(さんぽ)　2 ふく(ぼうし→かぶる、くつ→はく)

1

ゆびの中でいつも少しわらっているゆびってなーんだ？

2

お金を見るとおどろく魚ってなーんだ？

90ページのこたえ　1 なきむし　2 くもり

ひっかけなぞなぞ

たんじょう日ケーキは
1年に何回
食べられるかな？

2

おせんべいは2まい。
チョコレートは
なんまい？

91ページのこたえ　1リュックサック　2たいよう

本、ノート、日記、ハガキの中で1つだけちがうものはどーれだ？

頭になにかことばをつけてみて

2

ごはんを食べないイヌはなんひきいる？

92ページのこたえ　1 くすりゆび　2 金魚（金ギョッ）

1 ハトをのばすと
どんな形に
なるかな?

2 シカはシカでも
海にいる
シカってなーんだ?

3 ナスを
さかさまにおいたら
食べられなく
なったよ。
なにになったかな?

93ページのこたえ　1 何回でも(ほかの人のたんじょう日ケーキを食べればいいから)　2 あまい

101日目

ひらめき

あたたかい
タヌキって
なにいろかな？

「タヌキ」はどうぶつのことじゃないよ

2

クリはクリでも
おどろいたときに
出てくるクリって
なーんだ？

102日目

遠足やうんどう会の
前になると
まどの外にいるよ。
これだーれだ？

2

うんどう会で
前にすすむほど
まけてしまうものって
なーんだ？

94ページのこたえ	1 ノート（ほかは頭に「絵」がつく） 2 9ひき（9ワン＝くわん）

1

魚うりばの
りょうはしに
おいてある魚って
なーんだ？

2

きはきでも
ぐあいがわるい
きってなーんだ？

95ページのこたえ　1 ハート　2 アシカ　3 すな

1

50キロの石(いし)と
50キロのわた、
おもいのはどっち？

2

しんぶんしを
さかさまにしたら
どうなるかな？

96ページのこたえ
1 あかい（「あたたかい」の「た」ぬき）　2 びっくり
1 てるてるぼうず　2 つなひき

1

石(いし)、木(き)、てつ、
いちばん
あぶないのは
どれでできた
ケンかな？

それぞれ「けん」を
つけて読(よ)んでみよう

2

キツネが大(おお)きな声(こえ)で
なくと
へんしんする
やさいってなーんだ？

1

こおりにはできるけど、
水(みず)やおゆには
できないことって
なーんだ?

2

すすんでもおくれても
止(と)まっても
みんながこまる
ものってなーんだ?

3

森(もり)の中(なか)に
かさをさしたこが
いっぱいいるよ。
これなーんだ?

98ページのこたえ　1 どちらも同(おな)じ　2 読(よ)みづらくなる

1

Aがたの人が
えがおになると
なにになるかな?

2

うちゅうのはしに
あるものって
なーんだ?

99ページのこたえ　1 木（木ケン＝キケン）　2 ダイコン（大コン）

クマはクマでも
いちばんわるい
クマってなーんだ？

2

おまつりで
8ぴきのタイを
売っているところって
どーこだ？

100ページのこたえ　1 食べること（ほかはのむもの）　2 時計　3 キノコ

109日目

サイダー、コーラ、ソーダ。1つだけおこっているのはどーれだ？

クリをいちどにのみこんだよ。いくつのみこんだかな？

110日目

やおやさんで売っているもんってなーんだ？

朝おきたら、みんながいちばんにあけるふたってなーんだ？

101ページのこたえ　1 Oがた（「え」が「お」になる）　2「う」の文字

サイの頭にのると
お花にへんしんする
さかなって
なーんだ？

うどんをだきしめると
出てくる食べものって
なーんだ？

102ページのこたえ 1あくま　2やたい（8タイ）

やわらか

めいろ

とちゅうのなぞなぞをときながら
スタートからゴールまですすんでね。

スタート

だいふくもちの
中に入っている
虫ってなーんだ？

ゴール！

こたえは316ページへ

103ページのこたえ	1 コーラ（こらっ）　2 5つ（ゴクリ） 1 レモン　2 まぶた

きょうそうでは
いつも
9番になっちゃう
くだものって
なーんだ？

ダジャレのもんだいだよ

2

はくと気分が
スカッとする
ふくって
なーんだ？

3

1年に1回、
たなが
たおれてきそうな
日って
なーんだ？

お月見になにをそなえたかな？

2

この星ってなーんだ？

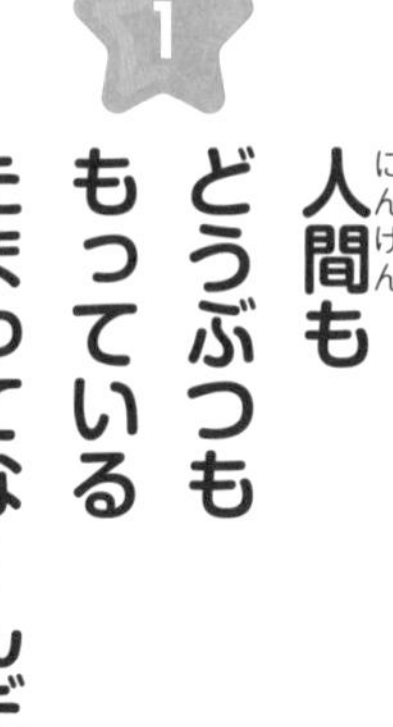

1

人間も
どうぶつも
もっている
たまってなーんだ?

2

いつも
おもしろい話を
してくれるお店って
なーんだ?

106ページのこたえ　1 キウイ（9い）　2 スカート　3 たなばた（たな、バタッ）

1

空からはふってきて、
口に入れると
あまくておいしい
ものってなーんだ?

2

あなをほらないと
いけないのに
おしゃべりばかり
しているものって
なーんだ?

107ページのこたえ　1 だんご（だん5）　2 ちきゅう（ち9）

ぶんるいクイズ

上(うえ)のことばはAとBどっちのグループに入(はい)るかな？

うしろになにかことばをつけてみて

1
ガムはガムでも
食(た)べられない
ガムってなーんだ?

2
ナイスなスコップが
へんしんしたよ。
なにになったかな?

3
ぼうはぼうでも
おかあさんに
べたべたくっつく
ぼうってなーんだ?

109ページのこたえ　1 あめ（雨(あめ)、飴(あめ)）　2 シャベル

1

たまねぎを切ったら出てきたものってなーんだ？

2

ラーメンの前でゆっくり100を数えたらどうなるかな？

1

自分のことをサイといいはるのみものってなーんだ？

2

ボールはボールでも四角いボールってなーんだ？

110ページのこたえ
1 B（Bは、「め」をあとにつけるとほかのことばになる）
2 A（Aは、ふるもの）

1

このおだんごは
なにあじかな？

2

どんな魚(さかな)かな？

顔(かお)のまん中(なか)になにがあるかな

111ページのこたえ
1 ガムテープ　2 コップ（ない「ス」→コップ）
3 あまえんぼう

122日目

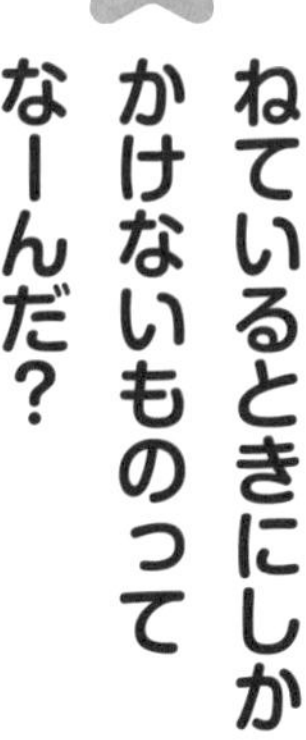

1 ねているときにしかかけないものってなーんだ？

2 シロクマがすきなのはなんのきょくかな？

123日目

1 朝、昼、夜のごはんってなんじかな？

2 くろいわっかを3つくっつけたパンってなーんだ？

「ごはん」をべつのことばでいうと？

112ページのこたえ

1 なみだ　2 ラーメンがのびる
1 サイダー　2 ダンボール

1

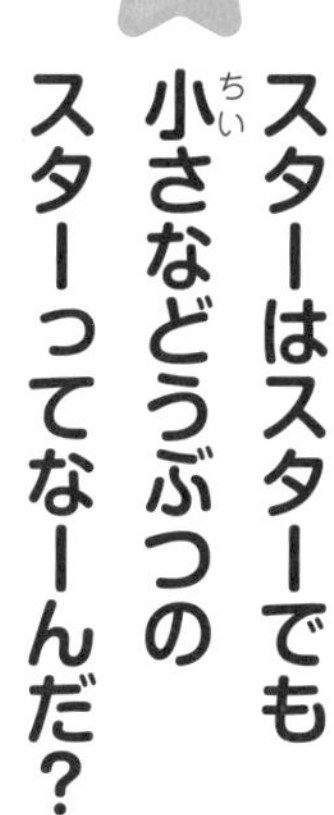

スターはスターでも
小さなどうぶつの
スターってなーんだ？

2

カマはカマでも
学校にたくさんいる
カマってなーんだ？

113ページのこたえ　1 ハチミツ（8が3つ）　2 カツオ（顔のまん中に「つ」）

ハンバーグ、ステーキ、
しゃぶしゃぶ、
いちばんモテるのは
どーれだ？

2

すっぱそうな
かおりのする
しょっきって
なーんだ？

114ページのこたえ
1 いびき　2 ほっきょく
1 しょくじ　2 クロワッサン

126日目

1
学校のかいだんは
のぼりとくだり、
どっちが多いかな？

2
春、夏、秋、冬、
1年の中で
いちばん長いのは
どーれだ？

127日目

コマ回しの名人が
しっぱいばかりしたら
なんていったかな？

2
1こ100万円の
カイって
どんなカイ？

115ページのこたえ　1 ハムスター　2 なかま

すいり

みつけよう

同じ（おな）チョウチョウを3びき
みつけてね。

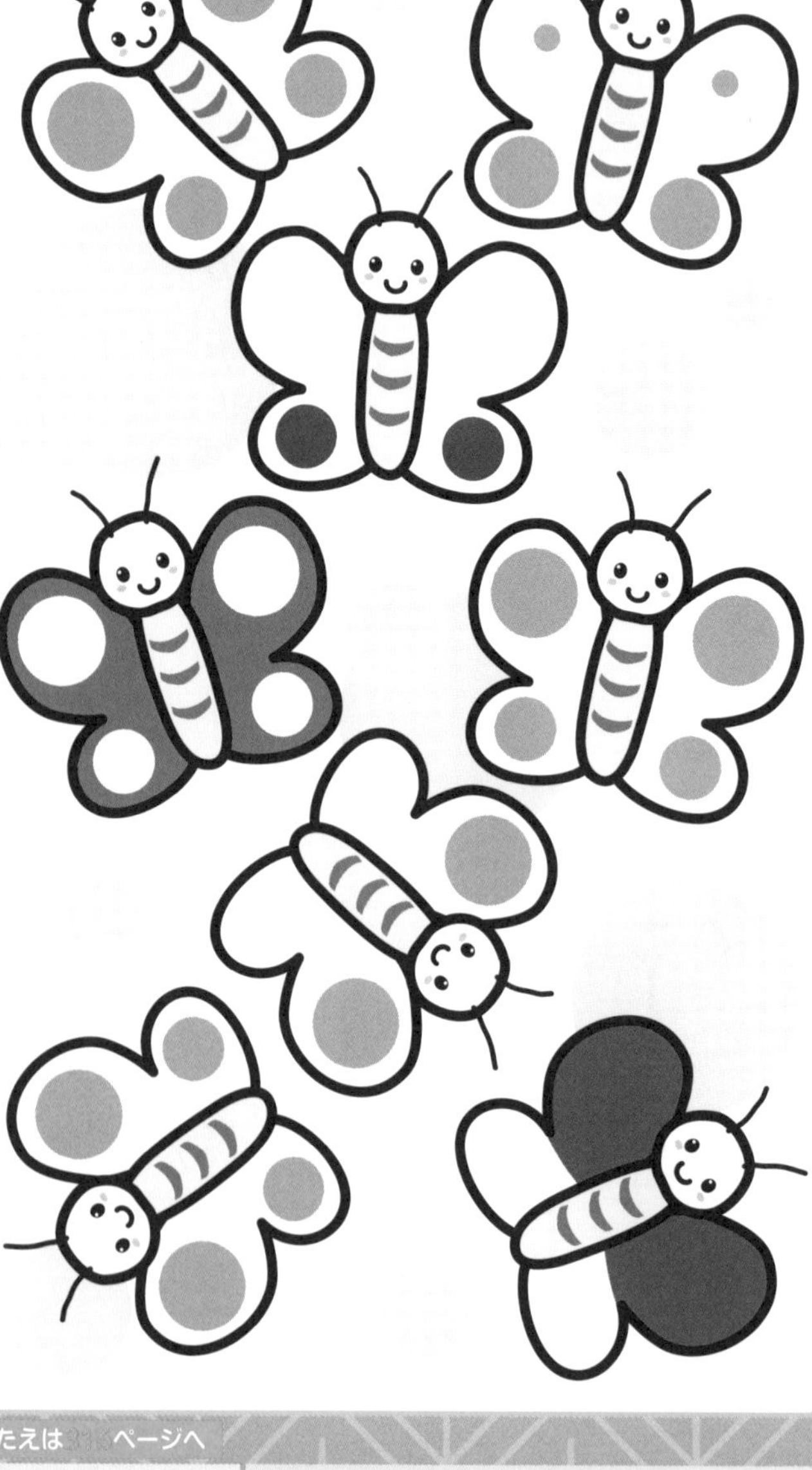

こたえは315ページへ

116ページのこたえ　1 ステーキ（ステキ）　2 スプーン（す、プーン）

あるなしクイズ

「ある」のことばにあって、「ない」のことばにないものってなーんだ？

1

ある	ない
あきたけん	とうきょうと
はるさめ	パスタ
さかなつり	山のぼり

べつのことばが入っていないかな

2

ある	ない
ミミズ	ヘビ
カタツムリ	ヤドカリ
メダカ	金魚
アシカ	トド

117ページのこたえ　1 同じ（かいだんはのぼりもくだりも同じ）　2 1年
1 コマったな～　2 高い

1

カンはカンでも
タイが
行くところって
どーこだ?

2

1本だけでも
1000こあるという
花火って
なーんだ?

131日目(にちめ)

チャレンジ

1

オットセイ、アシカ、クジラ、この中(なか)で歩(ある)けたのはどーれだ？

2

ひとつずつ数(かぞ)えているのにきゅうにふえちゃう数字(すうじ)ってなーんだ？

3

口(くち)の下(した)にひげを2本(ほん)はやしたらへんしんしたよ。これだーれだ？

119ページのこたえ

1 きせつの名前(なまえ)（あきたけん、はるさめ、さかなつり）
2 体(からだ)の名前(なまえ)（ミミズ、カタツムリ、メダカ、アシカ）

1

あかいようふくに
水玉もようが7つ。
でも「てんは10こ」という
虫ってなーんだ?

てんは10こ!

2

雲の中で
大きな音や光を出す
かみさまって
なーんだ?

133日目

1 「ほほほほ」と
わらって
かがやく
ものってなーんだ?

2 シカはシカでも
かどが4つある
シカってなーんだ?

134日目

1 火の中に
いるものって
なーんだ?

2 森の木を
1本切ったら
なにに
なったかな?

121ページのこたえ
1 アシカ(「アシ」の文字が入っているから)
2 8(つぎが9だから) 3 兄

カンはカンでもしゃしんや絵がいっぱい入っているカンってなーんだ?

2

おくりものの中にかならず入っている食べものってなーんだ?

122ページのこたえ　1テントウムシ　2カミナリ

1

行きは1本、帰りは2本のレールってなーんだ？

2

いつも人にふまれているのに「りっぱ」といわれるものってなーんだ？

123ページのこたえ

1 ほし（ほ4）　2 四角
1 人　2 林

1

ともだちの
りょうはしに
あるものって
なーんだ？

2

かぞくの中で
いつも通せんぼを
している人って
だーれだ？

1

入口はひとつで
出口はいっぱいの
お花が大すきな
ものって
なーんだ？

お花をそだてるとき
につかうものだよ

2

おとうとには
2つあって
いもうとには
1つしかない
ものってなーんだ？

124ページのこたえ　1 ずかん　2 クリ（おくりもの）

1
フタに
ゴマが2こついたら
どうぶつが出てきたよ。
さてなーんだ？

2
だいはだいでも
おかあさんがたすかって
よろこんでくれる
だいってなーんだ？

3
おかしを
6つ食べたのは
いつかな？

125ページのこたえ　1 ファスナー　2 スリッパ

1

おさとう、おしお、おみそ、おすの中でおをとるとちょうみりょうにならないものってなーんだ？

2

1から9の中で2つの数字でできた海の生きものってなーんだ？

「お」のとりわすれにちゅうい

1

とにはさまれているあかいやさいってなーんだ？

2

田んぼに行きたがらないものってなーんだ？

126ページのこたえ

1 とち　2 おとうさん（通さん）
1 じょうろ　2「と」の文字

ひらめき

まちがいさがし

下（した）のえから上（うえ）のえとちがうところを4こみつけてね。

こたえは316ページへ

127ページのこたえ　1 ブタ　2 お手（て）つだい　3 むかし（6かし）

パイはパイでも
うまくできた人が
食べられない
パイってなーんだ？

2

うしろに
かくれている
いろって
なにいろかな？

128ページのこたえ
1 おしお（おをとると「し」） 2 サンゴ（3、5）
1 トマト 2 タイヤ（田、いや）

1

ありが
れいをしているよ。
なんていってるかな？

数をかぞえてみよう

2

このスポーツって
なーんだ？

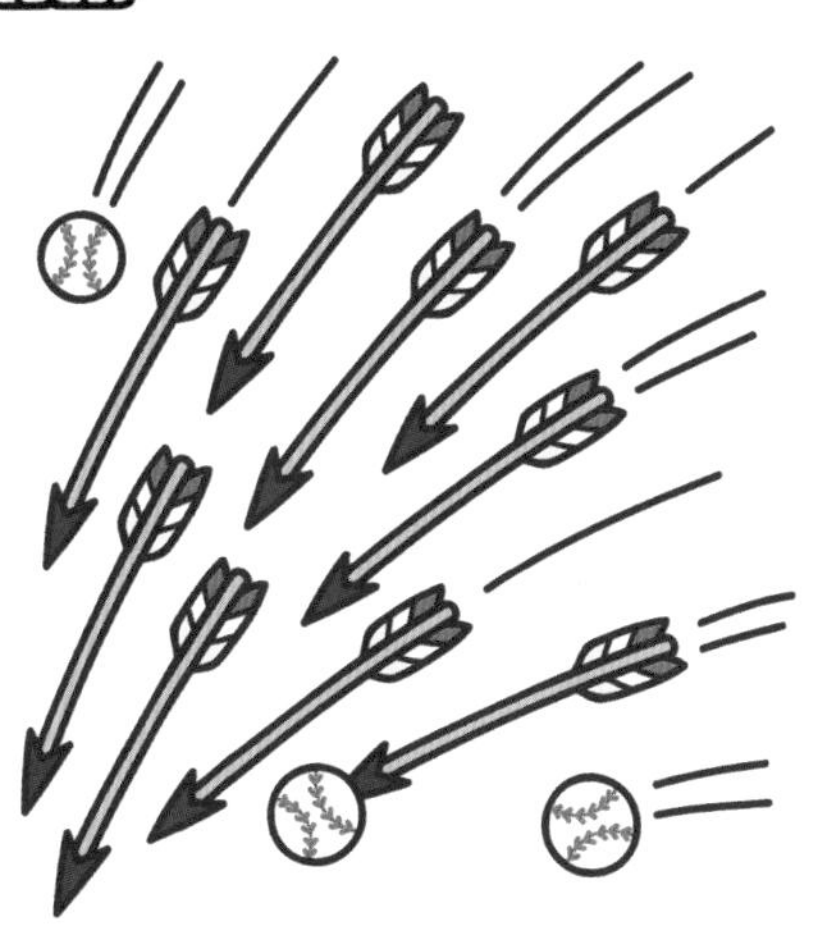

レベル
4
むじんとうのたんけん
145
日目
ひらめき
1
のっているとぼんやりしてしまうのりものってなーんだ？
2
水曜日と土曜日の間につかうがっきってなーんだ？
130ページのこたえ
1 しっぱい　2 しろ（うしろ）
132

1

いつもみんなに
とびこえられちゃう
はこって
なーんだ?

2

入り口が1つで
へやが5つある
ものってなーんだ?

131ページのこたえ　1ありがとう(アリが10)　2やきゅう(矢9)

1

シュウマイの中に入っているどうぶつってなーんだ？

2

地図を引っぱったら食べものが出てきたよ。さてなーんだ？

132ページのこたえ　1 ボート　2 もっきん（木、金）

1

おかあさんが
いつも
カガミの前でする
ショウってなーんだ?

2

目やロが
バラバラなおばけ。
でもみんなが
わらっちゃうものって
なーんだ?

133ページのこたえ　1 とびばこ　2 手ぶくろ

1

毎日とかしても
とけないものって
なーんだ？

2

よるごはんは5じ、
では、
おひるごはんは
なんじかな？

3

8本のローソクを
立てたケーキから
5本ぬいたよ。
あとはいくつかな？

134ページのこたえ 1ウマ（シュウマイ）　2チーズ

1

オニがこわがって食べられないものってなーんだ？

2

つかれたときにのりたくなっちゃうどうぶつってなーんだ？

135ページのこたえ　1 けしょう　2 ふくわらい

1

四角い顔から
いつもしろいしたを
出しているものって
なーんだ？

2

いつも
すの中にいない
まっくろなトリって
なーんだ？

136ページのこたえ
1 かみの毛　2 6じ（よるごはん→5字、おひるごはん→6字）
3 5つ（ローソクをぬいたあとだから）

カイはカイでも
じゅもんをとなえれば
なんでもできちゃう
カイってなーんだ?

天びんにのっている
さかさまの
イルカとカメ。
かるいのは
どっちかな?

137ページのこたえ　1 おにぎり(オニ切り)　2 ラクダ(楽だ)

えさがし

このえの中から5ひきの魚をさがしてね。

138ページのこたえ　1 ティッシュペーパー　2 カラス（空す）

こたえは317ページへ

139ページのこたえ　1 まほうつかい　2 イルカ（さかさにするとカルイ）

154日目

すいり

サンダルとクツ。数が多いのはどっちかな？

2

イヌ、サル、キジの中でけいさつにとりしらべされたのはだーれだ？

数字がかくれているようだ

155日目

やわらか

風がふかないとぜんぜんうごかない車ってなーんだ？

2

口から出して耳から入ってくるものってなーんだ？

くるみを
ひっくりかえしたら、
のみものになったよ。
さてなーんだ？

2

スターはスターでも
みんなに
こわがられている
スターってなーんだ？

ショーを
みながら食べるのに
ぴったりといわれる
ものってなーんだ？

1 なにをしているのかな？

2 この人ってだーれだ？

1

マジシャンが
よくつかう
ペンってなーんだ？

2

いつも
さぼっている
しょくぶつって
なーんだ？

143ページのこたえ

1 ミルク　2 モンスター
3 ショートケーキ（ショーとケーキ）

クネクネの体で
口から水をいきおいよく
ふき出すものって
なーんだ？

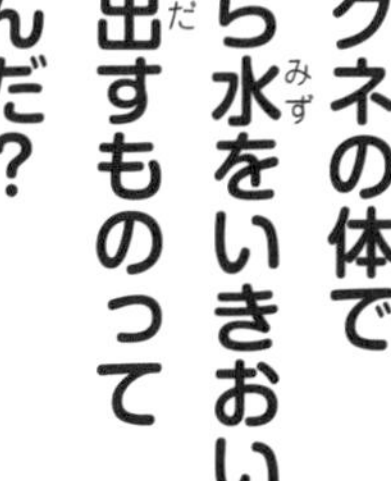

2

はじめはしろいのに
食べるときは
日やけをしている
朝によく食べる
ものってなーんだ？

144ページのこたえ
1 ダンス（タンスに「゛」がついている）
2 おまわりさん（おのまわりに3）

160日目
ひらめき

イスがさかさまになるのは何曜日(なんようび)かな？

2

カラスにこぶが2つできたらとうめいなものが出(で)てきたよ。さてなーんだ？

161日目

やわらか

ごはんを食(た)べるときにひつようなもじってなーんだ？

2

人(ひと)がふくをきないときにふくをきるものってなーんだ？

145ページのこたえ　1マジックペン　2サボテン

ティーシャツ、テレビ、ハサミの中で1つだけちがうものってどーれだ？

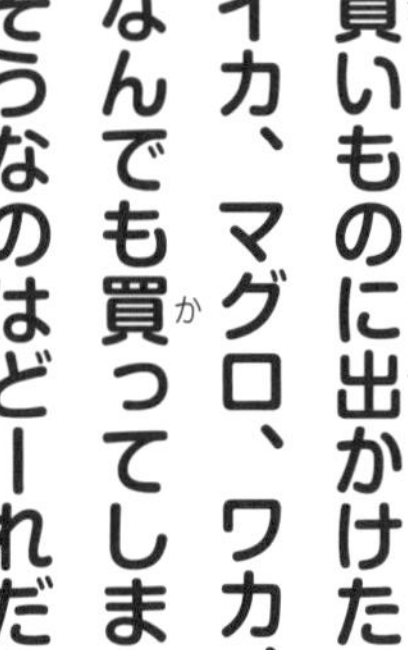

2

買いものに出かけたイカ、マグロ、ワカメ。なんでも買ってしまいそうなのはどーれだ？

146ページのこたえ　1ホース　2食パン（トースト）

1

空の中に
とんでいる
虫ってなーんだ?

2

がっきをひく音楽会、
けっせきした子が
ひいたのは
なーんだ?

147ページのこたえ
1水曜日　2ガラス
1しゃもじ　2ハンガー

164日目

ひらめき

1

1時と3時の間に出てくるきれいなものってなーんだ？

2

1つでもせんといわれちゃう丸くておいしい食べものってなーんだ？

165日目

1

まんまるに太ったり、やせたりする夜空にあるものってなーんだ？

2

しろで書くとよくみえてくろで書くとあまりみえないものってなーんだ？

148ページのこたえ　1テレビ（ほかは「きるもの」）　2ワカメ（かいそう）

1

ホットドッグのまん中に入っているどうぶつってなーんだ？

2

きはきでもみんなが口から出せるきってなーんだ？

149ページのこたえ　1ハエ（「空」にハとエが入っている）　2かぜ

いつも人(ひと)のいうことに
さんせいしてくれる
のみものって
なーんだ？

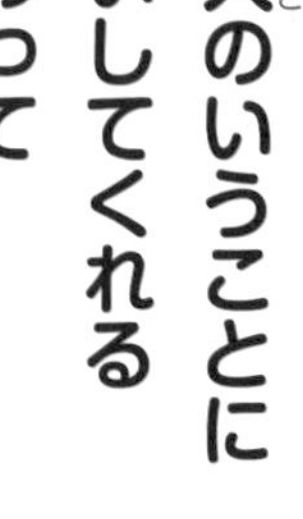

ウシが
うがいをしたら
へんしんしたよ。
なにになったかな？

150ページのこたえ

1にじ（2時(じ)）　2せんべい
1月(つき)　2こくばん

168日目

やわらか

ひっかけなぞなぞ

1 朝や昼には
ぜったい食べられない
ごはんってなーんだ？

2 20かいだてのビルから
とびおりたのに、
けがをしなかったよ。
なんでかな？

169日目

1 せきはせきでも
出てこない
せきってなーんだ？

2 なかなか
はっしゃしない
のりものって
なーんだ？

151ページのこたえ　1トド（ホットドック）　2いき

やわらか

大きなあながあいているのに水の中にしずまないよ。これなーんだ?

2

きはきでもへやじゅうをきれいにするきってなーんだ?

いつもかたほうしかしない手ぶくろってなーんだ?

152ページのこたえ　1ソーダ(そうだ!)　2石(「ウ」が「イ」になる)

1

1わなのに
2わいると
いわれちゃう
トリってなーんだ？

2

カンはカンでも
家の入り口にある
カンって
なーんだ？

153ページのこたえ

1夜ごはん　2 1かいからとびおりただけだから
1けっせき　2電車（出ん、車）

ぶんるいクイズ

上のことばはⒶとⒷどっちのグループに入るかな？

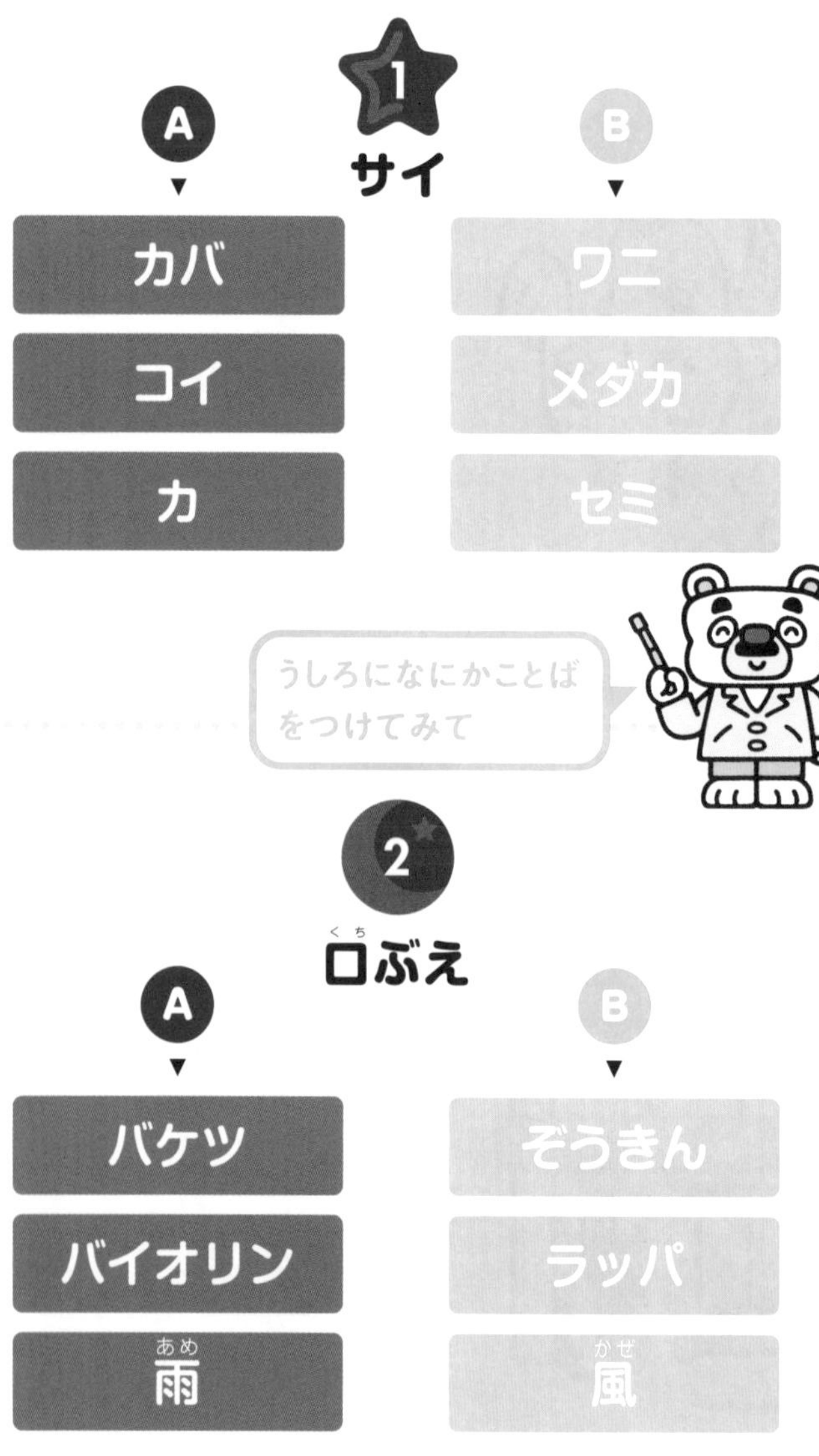

154ページのこたえ　1うきわ　2そうじき　3グローブ

1

クリはクリでも
形や大きさが
よくにている
クリってなーんだ？

2

おなかに1ぴき、
せなかに1ぴき、
かかとに2ひきいる
虫ってなーんだ？

155ページのこたえ　1 ニワトリ　2 げんかん

やわらか

タイヤがないのに
子(こ)どもをのせて
走(はし)れる車(くるま)って
なーんだ？

2

どの国(くに)も
もっているけど、
その国(くに)にしかない
きってなーんだ？

3

食(た)べるものはくろくて、
くっつけるものは
しろやとうめいの
ものってなーんだ？

156ページのこたえ

1 A（Aは、おわりに「ン」をつけるとちがうことばになる。サイン、カバン、コイン、カン） 2 B（Bは、ふくもの）

1

かたづけるのが上手（じょうず）などうぶつってなーんだ？

2

トリはトリでもゴミをあつめるトリってなーんだ？

157ページのこたえ 1そっくり　2カ（おなか、せなか、かかと）

176日目（にちめ）

やわらか

1

あつい体（からだ）で
さっと
しわをけしちゃう
ものってなーんだ？

2

どんなにたたいても
いやがられる
どころか
よろこばれるよ。
これなーんだ？

177日目（にちめ）

ひらめき

1

ちゃんとかけても
かけているふりを
しているといわれる
ものってなーんだ？

2

チャーシューメンには
2つ入（はい）っているのに
ラーメンには1つしか
入（はい）っていない
ものってなーんだ？

158ページのこたえ　1かたぐるま　2こっき　3のり

えときなぞなぞ

なにが出てきたかな？

2

歌っているのはどんな歌かな？

159ページのこたえ　1シマウマ　2ちりとり

1

家の中でしっかりしちゃうところってどーこだ?

「しっかりする」をいいかえてみて

2

いつもねだんを聞いてくる海の食べものってなーんだ?

ねだんは○○○?

160ページのこたえ
1アイロン　2はくしゅ
1ふりかけ　2「ー」の文字

げんかん、ベランダ、おふろ。くつはどこではくかな？

2

イヌも入(はい)れるカフェに行(い)ったのにことわられたイヌがいたよ。なんでかな？

アフリカと
アメリカのはしは
同じいろなんだって。
なにいろかな？

2

カキはカキでも
夏に食べたい
カキって
なーんだ？

182
日目
やわらか

1

どっちがいいかなと
みんなが
まよっちゃう
いろってなーんだ？

2

さかさまにすると
まるくなっちゃう
ものってなーんだ？

162ページのこたえ　1キッチン（きちんとする）　2イクラ

1

先生には2こあって、せいとには1こしかないものってなーんだ？

2

毎週、木と土の間から出てくるおたからってなーんだ？

3

カイはカイでもサンタクロースをつれてくるカイってなーんだ？

163ページのこたえ　1 足　2 イヌだけで行ったから

1

森のまん中にはなくて、林のまん中にあるものってなーんだ?

2

ブリはブリでもあかちゃんが大すきなブリってなーんだ?

1

いつもつねられているのみものってなーんだ?

2

じゅぎょうがぜんぶおわると出てくるかごってなーんだ?

つねるときは「ぎゅう」ってつねるよね

164ページのこたえ

1あかいろ(アフリカ、アメリカ) 2かきごおり
1めいろ 2くるま

やわらか

めいろ

とちゅうのなぞなぞをときながら
スタートからゴールまですすんでね。

スタート

大

火のそばにいる
生きものってなーんだ？

ゴール！

こたえは316ページへ

165ページのこたえ　1「せ」の文字　2 金（金曜日）　3 トナカイ

やわらか

5人の子で
1本のかさに
入っているのに、
だれもぬれてないよ。
なんでかな？

2

ひろったさいふを
交番に
とどけなかったけど
おこられなかったよ。
どうしてかな？

166ページのこたえ	1「や」の文字　2おしゃぶり 1ぎゅうにゅう　2ほうかご

1

トリはトリでも雨がふるとやねの下にあつまってくるトリってなーんだ？

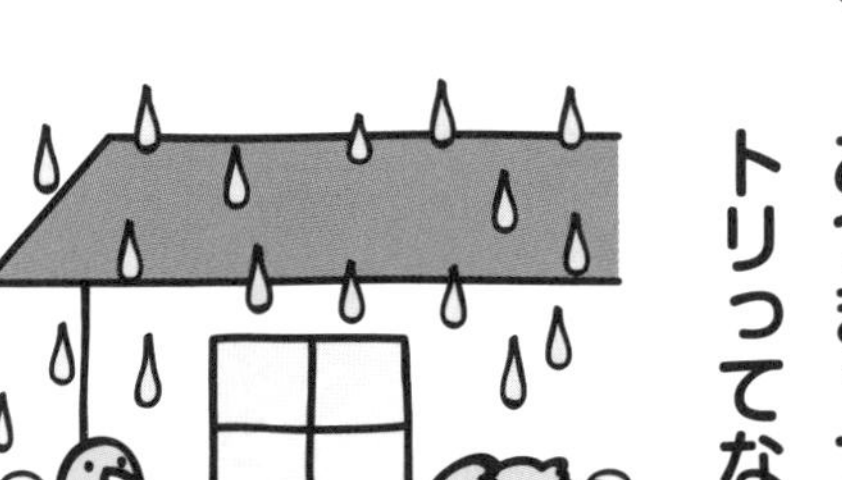

2

ポケットに入っていた毛をとったら出てきたものってなーんだ？

1

池の中から
いつも
だれかをよんでいる
魚ってなーんだ？

2

カンはカンでも
木や土、水、お金が
入っている
カンってなーんだ？

1

トンボ、ネコ、
ウマの中で
1つだけ
ちがうものって
どーれだ？

2

アメリカ、日本、
フランスのはたがあるよ。
この中で
2つひつようなのは
どのはたかな？

168ページのこたえ
1 雨がふっていなかったから
2 自分のさいふだったから

やわらか

1

トリがごはんを食べるときってどんなはしをつかうかな？

2

海ではカイといわれるのに、山ではくだものといわれる食べものってなーんだ？

169ページのこたえ　1あまやどり　2ポット（ポケットの「ケ」をとる）

やおやさんに売っているものだよ。さてなーんだ？

2

うちにかえったらすることだよ。さてなーんだ？

170ページのこたえ
1コイ　2いっしゅうかん
1ネコ（ほかは頭に竹がつく）　2日本（2本）

1

車が
まがりかどで
おとすものって
なーんだ？

2

はいしゃの
はなしをしたら
なにになったかな？

1

目に
足がはえたら
なにになるかな？

2

口の中に玉を入れたら
ものすごく大きなものに
なったよ。
さてなーんだ？

171ページのこたえ　1くちばし　2カキ

サイコロを3どふったらぜんぶ1が出てきて、ある食べものが出てきたよ。なにかな?

2

ひざの上に丸いかけらがおちてきたよ。この食べものなーんだ?

家のまわりでこえをかけてくるものってなーんだ?

172ページのこたえ　1ゴボウ（5ぼう）　2うがい（「う」が「い」）

あるなしクイズ

「ある」のことばにあって、「ない」のことばにないものってなーんだ？

1

ある	ない
カブトムシ	クワガタ
バニラアイス	チョコアイス
マイナス	プラス
いもうと	おとうと

2

ある	ない
ワンタンめん	チャーシューめん
カチューシャ	リボン
ブーツ	ながぐつ
メートル	センチ

173ページのこたえ
1スピード　2いしゃ（はいしゃの「は」なし）
1貝　2国

197日目
ひらめき

食べると気分がスッキリするくだものってなーんだ?

2

ウシはウシでもえをかかれちゃうウシってなーんだ?

198日目

やわらか

かぞくならあくけど知らない人にはあけられないものってなーんだ?

2

立ってすすむよりよこになったほうがはやくすすんだよ。なにをしているのかな?

174ページのこたえ 1サンドイッチ　2ピザ(ヒザ+゜)　3へい(ヘイ!)

まちがいさがし

下のえから上のえとちがうところを4こみつけてね。

こたえは317ページへ

175ページのこたえ
1 やさい（カブ、ニラ、ナス、いも）
2 どうぶつのなきごえ（ワン、チュー、ブー、メー）

レベル5 火山のたんけん

1
お日さまが出ると
あせをかく
冬にしか会えない
ものってなーんだ?

2
さむい国で
夜にだけかかる
せかい一
大きなカーテンって
なーんだ?

176ページのこたえ　1マスカット(まー、スカッと)　2画用紙、もぞう紙　1家のドア　2すいえい

201
日目
ひらめき
1
きはきでも
びょうきをしない
きってなーんだ?
2
かがみについていた
ガをおいはらったら
へんしんしたよ。
なにになったかな?

どうろにいて
まっかな顔で
紙を食べちゃう
ものってなーんだ?

2

はがいっぱい生えていて
頭を行ったり来たり
するものって
なーんだ?

178ページのこたえ　1 雪だるま　2 オーロラ

1

やきゅうでうつのがすきな虫ってなーんだ？

2

いつも海でいそいでいる生きものってなーんだ？

179ページのこたえ　1 元気　2 かみ（カガミから「ガ」をとる）

ひっかけなぞなぞ

1

どんなに
まんいんのバスでも
かならず
すわれる人って
だーれだ？

2

うでどけいは
5じ。では、
めざましどけいは
なんじかな？

3

森の中に
木は
なん本あるかな？

180ページのこたえ　1 ポスト　2 くし

学校(がっこう)でカンが
3つそろう日(ひ)に
親(おや)がくるよ。
いつかな？

2

おいしゃさん、
おすもうさん、
おぼうさんの中(なか)で
ころんでも
けがをしなかったのは
だーれだ？

181ページのこたえ　1 バッタ（バッター）　2 イソギンチャク

えしりとり

えでしりとりしながらスタートからゴールまですすんでね。

こたえは317ページへ

182ページのこたえ	1 うんてんしゅ　2 7じ（7字） 3 いっぱい（3本じゃないよ）

1

ひざの上にのっているくだものってなーんだ？

2

右の手ではぜったいにもてないものってなーんだ？

183ページのこたえ　1 さんかん日　2 おぼうさん（けがないから）

いつも水の中でくしゃみばっかりしているトリってなーんだ？

ダジャレのもんだいだよ

2

チョウはチョウでもさいしょはみどりいろでだんだんきいろになるチョウってなーんだ？

えとき なぞなぞ

1 なにをつくっているのかな？

2 これはなんのお花かな？

185ページのこたえ 1 モモ（ふともも） 2 右手

顔のまん中にあって、お店で買うこともできるものってなーんだ？

2

「ゲロゲロ」とないたカエル。なにをつたえているのかな？

カエルは何回ないたかな

186ページのこたえ　1 ハクチョウ（ハックチョン）　2 イチョウ

あかいぼうしを
かぶるとだんだん
せがひくくなっていく
ものってなーんだ？

2

夜はお山になって
昼は野原になる
ものってなーんだ？

187ページのこたえ	1 ぬいぐるみ（ぬっているクルミ） 2 サクラ（サラのまん中に9→さ9ら）

212日目

ひらめき

けががなおるときに
出てくる
ブタって
なーんだ？

2

おかあさんに
丸をつけると
へんしんしたよ。
だれになったかな？

213日目

やわらか

ぬぐことは
できるけど
きることは
できないものって
なーんだ？

2

だましているのに
よろこんでもらえる
人ってだーれだ？

ふくじゃないけれど
みにつけるものだよ

188ページのこたえ　1 はな（鼻と花）　2 にげろ（2ゲロ）

どうぶつに
あるものはしろいろ、
しょくぶつに
あるものはみどりいろ。
さてなーんだ？

おなじ！

2

きいろ、きみどり、
オレンジのたまご。
わったら白み（しろ）だけ
だったのは
なにいろのたまご？

189ページのこたえ　1ろうそく　2ベッド

ぶんるいクイズ

上のことばはⒶとⒷどっちのグループに入るかな？

1 れんらく

A	B
日記	手紙
手	足
スケジュール	カレンダー

2 ちゅうしゃ

A	B
ふえ	たいこ
サッカーボール	テニスボール
米	そば

190ページのこたえ
1 かさぶた　2 パパ（ハハに丸をつける）
1 くつ、くつした、ぼうし　2 マジシャン

1

点をつけると
きゅうくつになる
のりものって
なーんだ？

2

けんはけんでも
きれいにしてくれる
けんってなーんだ？

3

さか立ちをしても
同じになる
ネコって
どんなネコかな？

にゃ？

191ページのこたえ　1 は（歯と葉）　2 きみどり（黄身どり）

217日目

1

つりはつりでも
ゆかたをきていく
つりってなーんだ？

2

じゅぎょう中、
歩き回っても
おこられないのって
だーれだ？

218日目

1

雨がふると
出てくる
まりってなーんだ？

2

いつもしょうぶに
かってばかりの
するどいはを
もつものって
なーんだ？

192ページのこたえ
1 A（Aは、「ちょう」をつけられる）
2 B（Bは、うつもの）

すいり

えさがし

このえの中(なか)から4このカイを
さがしてね。

こたえは318ページへ

193ページのこたえ

1 きゅうきゅう車(しゃ)（ぎゅうぎゅう）
2 せっけん　3 コネコ

1

たからくじに
くっついている
トリって
なーんだ？

2

手ぶくろを
ぎゃくにしたら
ひどいことをされたよ。
なにをされたかな？

3

名前が
まずそうな魚って
なーんだ？

194ページのこたえ
1まつり　2先生
1水たまり　2カッター

221日目

やわらか

1

みんなの足にいる
小さなゾウって
なーんだ？

2

まどのそばで
たたまれたり
ひろがったりする
ものってなーんだ？

222日目

ひらめき

1

うんどうぐつの中に
入っている
ものってなーんだ？

2

オリはオリでも
本を読むときに
つかうオリって
なーんだ？

右ききの子が
どうしても
左手をつかわなくちゃ
いけないときって
どんなときかな？

2

5人で
かくれんぼをして
3人がみつかったよ。
のこりは何人かな？

196ページのこたえ
1 タカ（たからくじ） 2 6回ぶたれた（てぶくろ→ろくぶて） 3 ナマズ（名まず〜）

224日目

すいり

1

おやつとおかし、
数が多いのは
どっちかな？

2

ラジコン、エアコン、
パソコンの中で
そこをとると
食べものが出てくるのは
どーれだ？

225日目

やわらか

1

夏は
ぶらさがっていて
冬は
とんでいくもの
なーんだ？

2

かわいたふくはぬいで、
ぬれたふくを
きるものって
なーんだ？

197ページのこたえ
1 ひざこぞう　2 カーテン
1 どうぐ（うんどうぐつ）　2 しおり

これはなにいろのピンかな？

ピンの数(かず)をかぞえてみよう

2

空(そら)からあらわれたのはなーんだ？

198ページのこたえ 1 右手(みぎて)のつめを切(き)るとき 2 1人(ひとり)（あと1人(ひとり)はおに）

ほしはほしでも
あかくて丸(まる)くて
すっぱいほしって
なーんだ?

2

ごはんを食(た)べず、
みんなにふまれても
へいきなペットって
なーんだ?

199ページのこたえ
1 おやつ（お8つ、おか4） 2 パソコン（ソコをとるとパン）
1 はっぱ（おちば、このは） 2 ハンガー

1

クリはクリでも
おちこんでいる
クリってなーんだ？

2

肉(にく)まんとあんまん、
心(こころ)が広(ひろ)いのは
どっちかな？

1

わって食(た)べるのに
はじめからわれていると
こまるものって
なーんだ？

2

○◎○◎○○
これなーんだ？

200ページのこたえ　1 ピンク（ピン9）　2 てんし（点(てん)4）

ずっとまっている木ってなーんだ？

2

おにいちゃんは出てくるけどおねえちゃんは出てこないテレビ番組なーんだ？

201ページのこたえ　1 うめぼし　2 カーペット

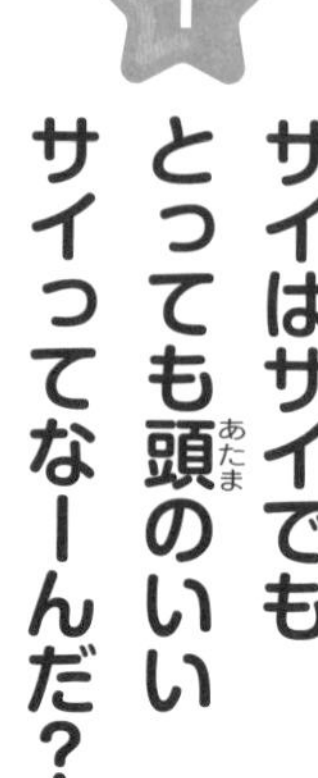

1

サイはサイでも
とっても頭のいい
サイってなーんだ?

2

手がすっぱくなる
スポーツって
なーんだ?

3

うどんやラーメンを
食べると
2わ出てくる
トリってなーんだ?

やわらか

ひっかけなぞなぞ

1

ひとりじゃないと話(はな)せないことってなーんだ?

2

ひなこ、もえこ、あやか、この中(なか)でこなかったのはだーれだ?

203ページのこたえ　1 マツ　2 アニメ

1

しゃしんやビデオでしかみることができない自分の顔ってなーんだ？

2

道に立っていてコインを食べたらのみものをくれる。これなーんだ？

1

お休みがない当番ってなーんだ？

2

パイはパイでもパーティーのはじめに出てくるパイってなーんだ？

204ページのこたえ　1 天才　2 テニス（手にす）　3 ツル（つるつる）

やわらか

1

お日さまの上に立つと
なにかが聞こえたよ。
なにかかな？

2

四角い大きな
はこの中に
小さいはこを入れると
どうなるかな？

205ページのこたえ
1 ひとりごと　2 あやか（名前に「こ」がない）

1

カモメ、スズメ、ツバメ、目の上で音をならすことができるのはどーれだ？

2

テストの点数、とるとくやしい点数が2つあるよ。何点かな？

やわらか

1

家の中で、立ちあがるとひくくなってすわると高くなるものってなーんだ？

2

たてものや道、せんろはあるのに、車や電車、人もいないよ。これなーんだ？

206ページのこたえ

1 ねがお　2 じどうはんばいき
1 110番　2 かんぱい

ゾウはゾウでも
体の中で
ドキドキするゾウ
ってなーんだ？

2

あいを
ぬすんでいく人って
だーれだ？

207ページのこたえ　1 音（「日」の上に「立」つ→音）　2 回る

ぶんるいクイズ

上(うえ)のことばはⒶとⒷどっちのグループに入(はい)るかな？

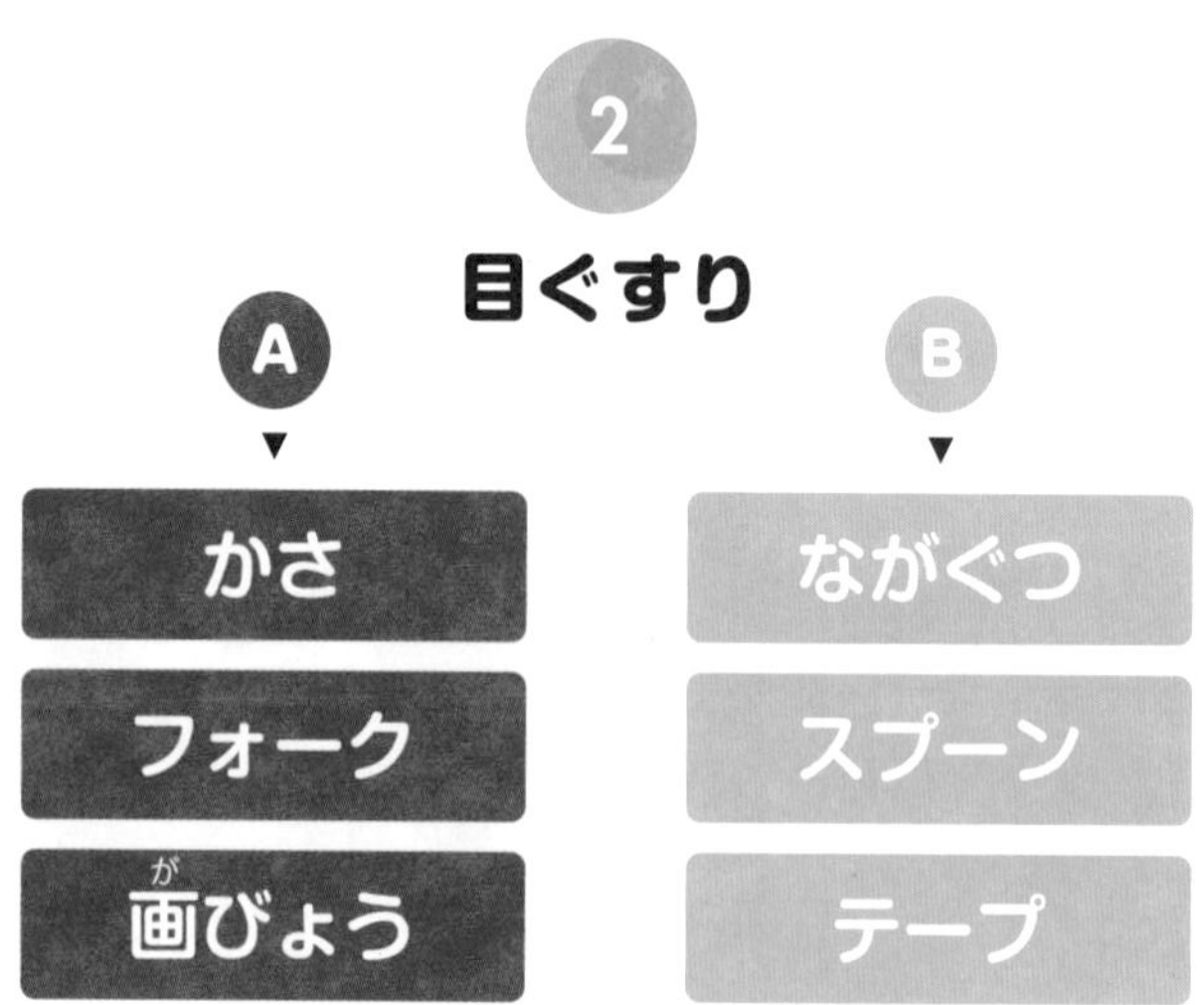

208ページのこたえ

1 スズメ　2 9や4（くやしい）
1 天井(てんじょう)　2 地図(ちず)

アザラシとアシカ、けがをしたのはどっちかな？

2

すながくっついているのに食(た)べられるものってなーんだ？

ダジャレのもんだいだよ

241日目（にちめ）

ひらめき

1

チョウはチョウでも
学校（がっこう）で
いちばんえらい
チョウってなーんだ？

2

カキの下（した）には
なにがあるかな？

242日目（にちめ）

やわらか

1

立（た）っていると
かたほうしかみえなくて
すわると
りょうほうみえる
ところってどーこだ？

2

空（そら）には
1こしかないはずの月（つき）が
12こもあるよ。
これなーんだ？

えときなぞなぞ

1

おねえちゃんに
おこられたんだって。
どうなったかな？

2

このあと
ヤギたちは
どうなるかな？

211ページのこたえ
1 アザラシ（アザがあるから）
2 スナック（すなつく）がし

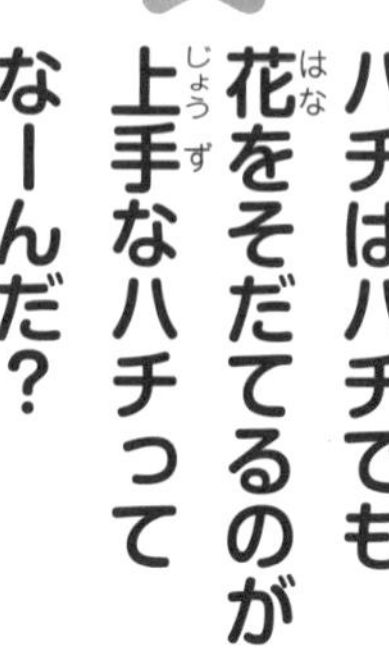

1

ハチはハチでも花をそだてるのが上手なハチってなーんだ？

2

うえの上にあるもらってうれしいものってなーんだ？

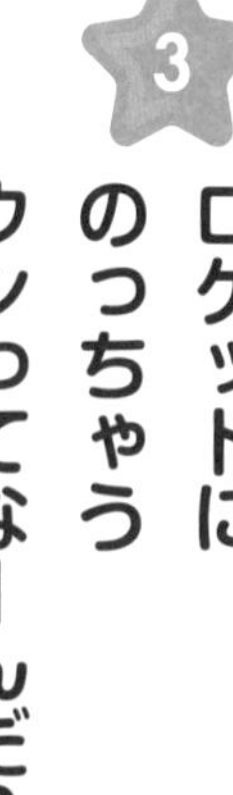

3

ウシはウシでもロケットにのっちゃうウシってなーんだ？

212ページのこたえ

1 校長　2「く」の文字（かきくけこ）

1 足のうら　2 カレンダー

245日目

やわらか

ひっかけなぞなぞ

1

てい電していたけれど、
本を読めたよ。
どうしてかな？

2

切ってはれば
いろんなとこへいける
紙ってなーんだ？

246日目

ひらめき

1

トラはトラでも
ならべたり
きったりする
トラってなーんだ？

2

あおくはれても
ぜんぜんいたくない
ものってなーんだ？

213ページのこたえ　1 ないた（ない「た」）　2 とうめいになる（10 メー）

カエル、ザリガニ、カメ。
この中で
にがしたのは
どれかな？

カメ
ザリガニ
カエル

2

もりはもりでも
木のない
どうくつの中にいる
もりってなーんだ？

214ページのこたえ
1 うえきばち　2 あい（あいうえお）
3 うちゅうひこうし

ひらめき

まちがいさがし

下のえから上のえとちがうところを5こみつけてね。

こたえは318ページへ

215ページのこたえ

1 昼間だったから　2 手紙（切手をはる）
1 トランプ　2 あお空

マメの中(なか)で
いちばん
高(たか)いところにある
マメってなーんだ？

2

カイはカイでも
もんだいにこたえると
出(で)てくるカイって
なーんだ？

四角(しかく)いはこに
数字(すうじ)の10を
入(い)れたら
なにになるかな？

2

一(いち)を引(ひ)いたら
まっ白(しろ)になる
数字(すうじ)って
なーんだ？

216ページのこたえ　1 ザリガニ（「に」が下(した)）　2 コウモリ

ウマとウシが大食(おおぐ)いきょうそうをしたよ。どっちがかったかな？

おきゃくさんが6人(にん)のっていたバスがていりゅうじょで2人(ふたり)おろしたよ。バスには何人(なんにん)のっているかな？

レベル6

しんかいのたんけん

252日目

すいり

1

なまける、くじける、あわてるの中でいたくないのはどーれだ？

2

1〜10の中でいっしょにおれいばかりいっている数字ってなにとなに？

218ページのこたえ

1 ソラマメ　2 せいかい

1 田んぼ　2 百（漢字の百から一をとると白になる）

219ページのこたえ　1ウマ（うまかった）　2 5人（うんてんしゅもいるから）

1

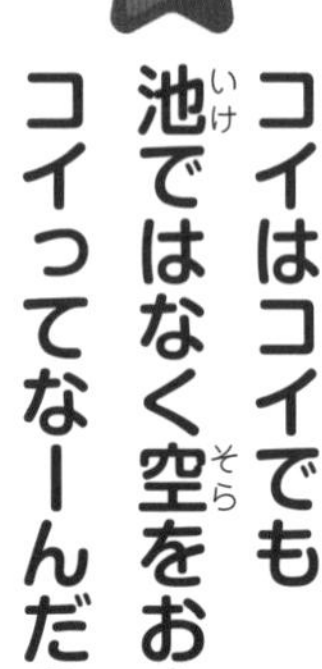

コイはコイでも
池ではなく空をおよぐ
コイってなーんだ？

2

聞こえているはずなのに
よんでもへんじを
してくれない
パンってなーんだ？

220ページのこたえ
1 あわてる（「ける」がないから） 2 3と9（サンキュー）

古くても新しくても
ねだんが
かわらないものって
なーんだ？

2

おきているときは
みられないけど
ねているときは
みられるものって
なーんだ？

221ページのこたえ　1 ふろば　2 ゆ（「ゅ」の文字）

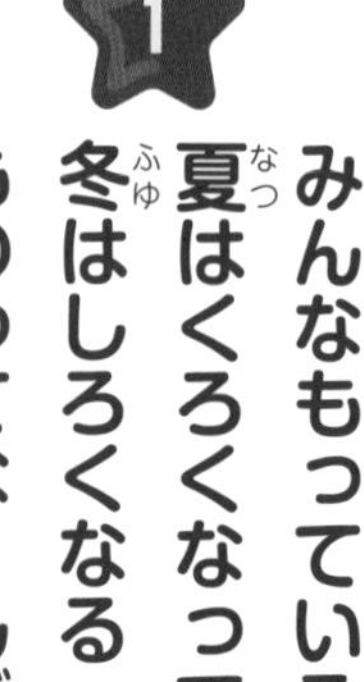

みんなもっている
夏(なつ)はくろくなって
冬(ふゆ)はしろくなる
ものってなーんだ?

2

虫(むし)たちが
いっぱいすんでいる
むらってなーんだ?

222ページのこたえ　1 こいのぼり　2 むしパン

いたに「おどろう」とさそわれた人はどうしたかな？

ことばをくっつけてみよう

2

門の前にぶら下がっているケーキってなーんだ？

223ページのこたえ 1お金 2ゆめ

やわらか

めいろ

とちゅうのなぞなぞをときながらスタートからゴールまですすんでね。

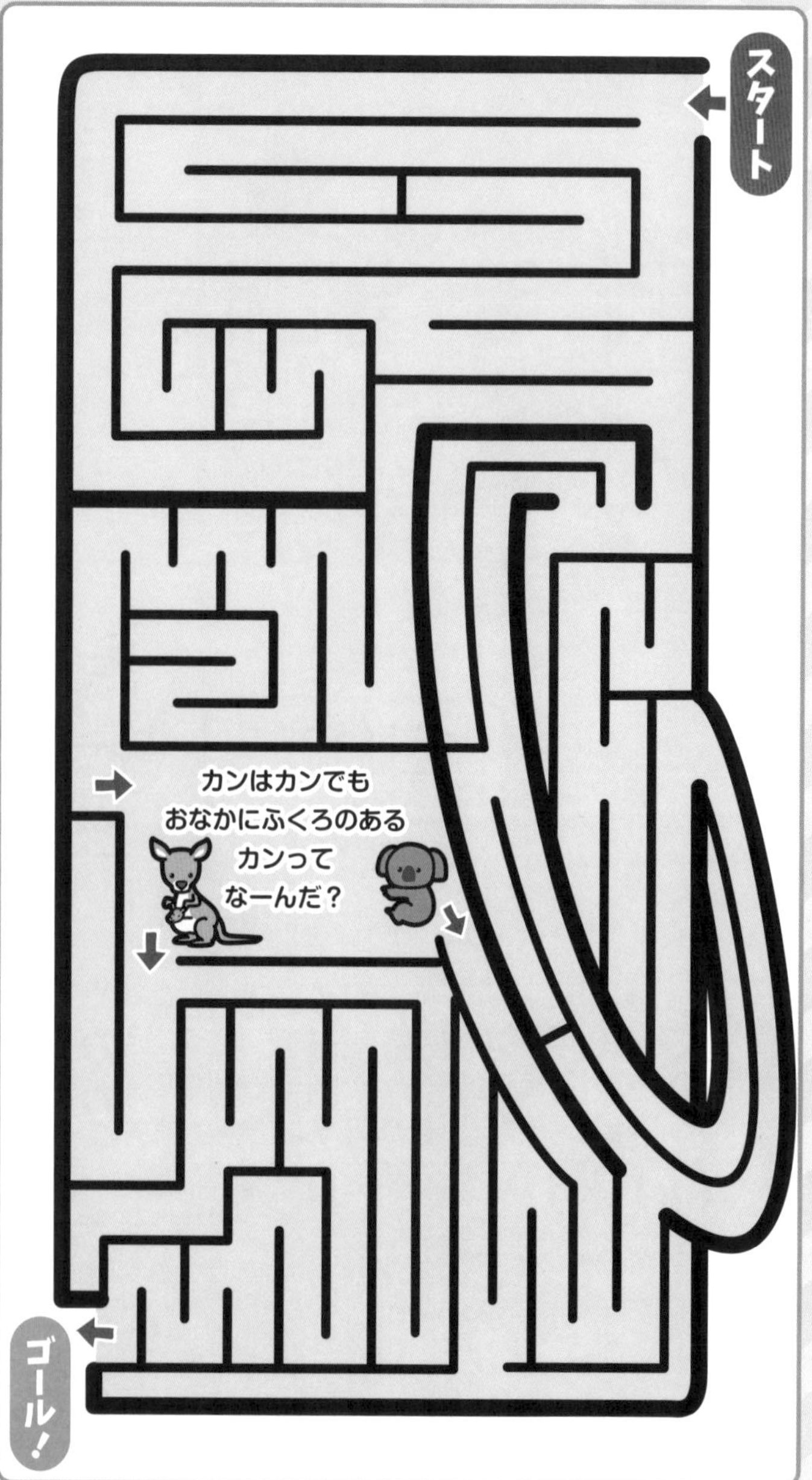

こたえは318ページへ

224ページのこたえ	1 はだ　2 草むら

けしゴムをつかって
海をいっしゅんで
けしたよ。
どうやったのかな？

2

おちばを
1まい、2まいと
数えていったら
さいごは
なんまいになるかな？

225ページのこたえ　1おどろいた　2モンブラン

わらうといたくなって、おこると立っちゃうものってなーんだ？

２

キャラメルについているかみさまってなーんだ？

1

チキンカレーの中に入っているおたからってなーんだ？

2

カキはカキでもえが上手なカキってなーんだ？

227ページのこたえ 1けしゴムで目をかくした　2おしまい

ハサミはハサミでも
はさむだけで
ぜったい切れない
ハサミってなーんだ?

2

朝ごはんのときに
かつやくする
家の中の
スターってなーんだ?

きはきでも
電車がとまる
きってなーんだ?

228ページのこたえ　1はら　2つつみ紙（神）

かがやくものが出てきたよ。これなーんだ？

2

このかいぶつってなーんだ？

229ページのこたえ　1きんか（チキンカレー）　2えかき

すながないと
なにもできないのに、
すなをじゃまだと
いうものなーんだ？

いつもようじを
聞（き）いてくる
こわーいものって
なーんだ？

ミルクを
さかさまにするとクルミ。
ではココアをさかさまに
するとどうなるかな？

しろいアンは
しろアン、
くろいアンは
くろアン、では
きいろいアンは
なーんだ？

230ページのこたえ　1 せんたくばさみ　2 トースター　3 えき

1

水たまりにうかんでいるぼうってなーんだ？

2

そとがわはつめたくて中はあったかい、時間がたつととけるくらってなーんだ？

231ページのこたえ
1 ダイヤ（タイヤに「゛」がついている）
2 きゅうけつき（9毛月）

かるいと下（さ）がって
おもいと上（あ）がるよ。
これなーんだ？

2

とければ
とけるほど
高（たか）くなるものって
なーんだ？

もんだいが「とける」
ともいうよね

イヌが水曜日（すいようび）に
フンをするのは
どこかな？

2

じてん車（しゃ）に
いつものってる
本（ほん）ってなーんだ？

232ページのこたえ	1 すな時計（どけい）（すな、どけい）　2 ようかい（用（よう）かい？） 1 こぼれる　2 たくあん

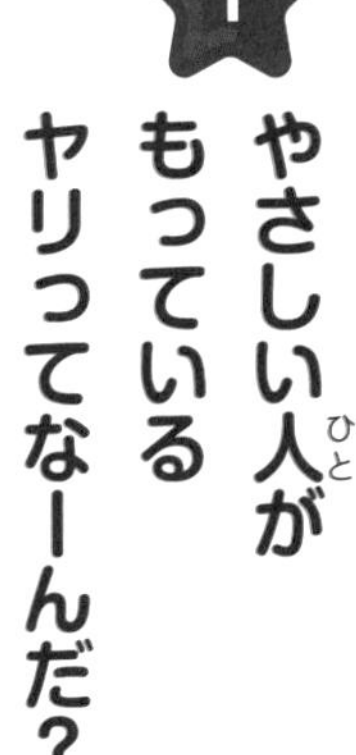

1

ヤリはヤリでも
やさしい人がもっている
ヤリってなーんだ？

2

クリがおならをしたら
文ぼうぐに
へんしんしたよ。
これなーんだ？

233ページのこたえ
1 アメンボ（アメンボウともよばれている）
2 かまくら

1

どんぶりの
下のほうに
かくれている
魚ってなーんだ？

2

ペンはペンでも
山のいちばん上にある
ペンってなーんだ？

234ページのこたえ
1（びょうきのときの）ねつ　2 テストの点数
1 ふん水　2 じてん（辞典）

1
ひっくりかえされた
チョコ2つ、
わらってる?
おこってる?

2
目にみえないのに、
きれいとか
高いとか
いわれるものって
なーんだ?

1
道を
よく知っている
ケーキって
なにケーキかな?

2
どろぼうが
お金をみてにげたよ。
なんでかな?

235ページのこたえ　1 思いやり　2 クリップ

ソリはソリでも
子どもはつかわず
大人の男の人がつかう
ソリってなーんだ？

2

あたりでもハズレでも
いつも
くじをなめている
生きものってなーんだ？

先生に
名前をよばれて
こたえるのは
なんじかな？

236ページのこたえ　1ブリ（どんぶり）　2てっぺん

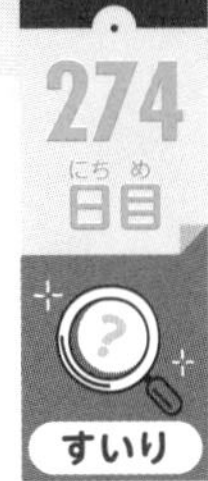

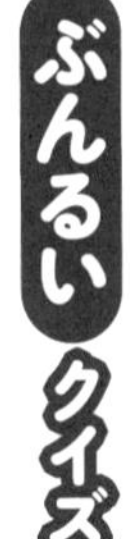

ぶんるいクイズ

上のことばはⒶとⒷどっちのグループに入るかな?

1 しんごう

Ⓐ	Ⓑ
バッタ	トンボ
おばけ	おに
くん	ちゃん

2 カギ

Ⓐ	Ⓑ
ポット	アイロン
カメラ	電話
ざぶとん	ふとん

237ページのこたえ
1わらってる（チョコチョコ→コチョコチョ） 2声
1チーズ（地図）ケーキ 2おっかねーから

みつけよう

同じくだものかごを1組みつけてね。

こたえは318ページへ

238ページのこたえ　1 ひげそり　2 ナメクジ　3 へんじ

276日目

やわらか

1 電車がくる前におりてくるきりってなーんだ？

2 れいぞうこでひやした水にいる魚ってなーんだ？

「ひやした水」はどんなじょうたいかな

277日目

ひらめき

1 マメの中に字をかいた人はどうなったかな？

2 ペットはペットでも体の中にのみものが入っているペットってなーんだ？

239ページのこたえ　1B（Bは、頭に赤がつく）　2B（Bは、かけるもの）

ビーチボールの中(なか)は空気(くうき)。
ではうきわの中(なか)は
なーんだ？

すもうで
日本(にほん)チャンピオンに
かった人(ひと)がいるよ。
だーれだ？

279日目

ひらめき

食べると
あんしんする
ケーキって
なーんだ？

2

頭とおしり、
名たんていは
どっちが
かゆいかな？

名たんていはじけんを
「かいけつ」するぞ

どんなに
きれいな人でも
なれないモデルって
なーんだ？

2

かがみじゃないのに
人がたくさんうつる
ものってなーんだ？

241ページのこたえ	1ふみきり　2タイ（つめたい） 1まじめになった　2ペットボトル

ぎゅうにゅうには入って(はい)いるけどミルクには入って(はい)いない食べ(た)ものってなーんだ?

2

てんしはてんしでも電車(でんしゃ)にのっているてんしってなーんだ?

9このパンを車(くるま)にのせたらタイヤはどうなったかな?

242ページのこたえ　1 人間(にんげん)　2 世界(せかい)チャンピオン

282日目
やわらか

1

ほねはあるのに
立つことも
歩くことも
できないよ。
だけどすばやく
うごける生きものって
なーんだ?

2

お店でやかれたり、
空にあがったりする
ものってなーんだ?

283日目
ひらめき

1

タルタルでも
光っている
タルって
なーんだ?

2

ふたつのイスが
さかさまに
およいでいるよ。
どんなふうに
およいでいるかな?

243ページのこたえ
1 ホットケーキ(ほっとケーキ)　2 おしり(かい〜ケツ=かいけつ)
1 プラモデル　2 しゃしん

1

わらっているのは
なんのぐかな？

2

？？におくと
ぴったりの
かぐってなーんだ？

244ページのこたえ
1ウニ（ぎゅうにゅう） 2うんてんし
3パンクした（パン9）

285日目

やわらか

1 ふくと気もちいいけど、ひくとさむくてつらいものってなーんだ？

2 どの国よりもいちばん高いところにある国ってどーこだ？

1 ねんど、ふで、コップ、さらの中でかみつかないものはどーれだ？

2 1～10の中にいっしょだとそうじがとくいな数字があるよ。なにとなにかな？

245ページのこたえ
1魚　2タコ
1ホタル　2スイスイおよいでいる

わかめスープの
中に入っている
海の生きものって
なーんだ？

2

くつはくつでも
小さくて
たいへんな
くつってなーんだ？

246ページのこたえ　1 とうふ（10 ふ）　2 ソファー（ドシラソファミレド）

288日目

やわらか

ひっかけなぞなぞ

リコーダーを
ふいたのに
音が出ないよ。
どうしてかな？

2

メモの上には
なにがあるかな？

289日目

ひらめき

おばあちゃんが作る
わたしにとってこわい
たまごりょうりって
なーんだ？

2

夏に食べる
おかしは
どんなあじが
するかな？

247ページのこたえ
1かぜ　2天国
1ふで（紙ねんど、紙コップ、紙ざら）　2 8と9（はく）

はたけで
はなしをしたら
出てきたものって
なーんだ？

2

コイはコイでも
頭がいい
コイって
なーんだ？

248ページのこたえ　1カメ（わかめスープ）　2 きゅうくう

えさがし

このえの中から3この雪のけっしょうをさがしてね。

これを
さがしてね！

こたえは319ページへ

249ページのこたえ	1 ぬのでふいたから　2「む」の文字（まみむめも） 1 ゆでたまご、にたまご　2 なつかしいあじ

1

上から読んでも下から読んでも同じ広げて読むものってなーんだ？

2

目の近くからゆげが出ているよ。どんなゆげかな？

250ページのこたえ　1 竹（はたけの「は」なし）　2 かしこい

293日目

やわらか

1 右の子と左の子、おしゃべりなのはどっちかな？

2 点をとると大きくなっちゃうどうぶつってなーんだ？

294日目

1 遠くでやいていても近くでやいているような食べものってなーんだ？

2 まきはまきでもすごい風がふいちゃうまきってなーんだ？

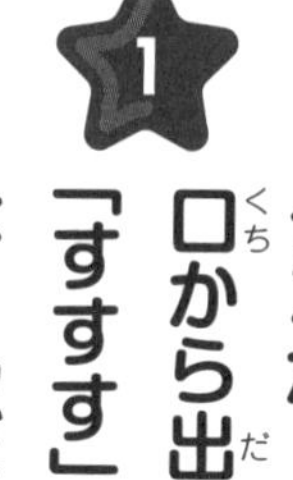

タコが
口(くち)から出(だ)した
「すすす」って
なーんだ？

2

トリはトリでも
手(て)でできるだけ
たくさんとろうとする
トリってなーんだ？

252ページのこたえ　1 新聞紙（しんぶんし）　2 まゆげ

えときなぞなぞ

この食べものって
なーんだ？

2

明日の天気は
なーんだ？

253ページのこたえ
1右の子（右に口があるから）　2犬
1やきそば　2たつまき

せかい一の力もちでも、どんなにえらい人でも止められないものってなーんだ？

7つのあながあって、3つはとじたりひらいたりできるよ。これなーんだ？

254ページのこたえ　1すみ（す3）　2つかみどり

ちをぬくと
へまばかりする
やさいって
なーんだ？

十に一をたしたら
へんしんしたよ。
なにになったかな？

「ち」をぬくと「へま」
になるやさいだよ

3

カキはカキでも
カエルやアヒルが
もっている
カキってなーんだ？

255ページのこたえ　1 やさい（矢サイ）　2 台風（タイふー）

299日目

すいり

1

タコ、クラゲ、タイ、
イカの中で
1つだけちがう
ものってどーれだ？

2

1〜10の中で
1につくときらわれ、
2につくとわらわれる
数字ってなーんだ？

300日目

ひらめき

きはきでも
みんなのまわりに
たくさんあるのに
みえないきって
なーんだ？

2

お店で
「あげる」といわれても
うれしくない
ものってなーんだ？

ハンカチ、
シャボン玉、
ほうきの中で
1つだけちがう
ものってどーれだ?

いつもは水なのに
火をつけると
もえ出す
ものってなーんだ?

257ページのこたえ　1へちま　2土(十+一で「土」)　3水かき

302日目(にちめ)

ひらめき

おとうさんのすきな
テレビ番組(ばんぐみ)は
何(なん)チャンネルかな？

2

きはきでも
画面(がめん)を見(み)ながらあそぶ
楽(たの)しいきって
なーんだ？

303日目(にちめ)

行(い)きは
かいだんで
かえりは
さかになる
ものってなーんだ？

2

こいでもこいでも
前(まえ)にすすんでいかない
のりものってなーんだ？

こうえんによく
あるものだよ

258ページのこたえ	1クラゲ（ほかは「やき」がつく） 2 8（18→イヤ、28→ニヤ） 1空気(くうき) 2ねだん

1

200円以下で日本中をとびまわるびんってなーんだ？

2

4本足で立っているのに「手がふるえる」といっているものってなーんだ？

ブルブル
ブルブル

259ページのこたえ

1 ほうき（ハンカチとシャボン玉はふくもの、ほうきははくもの）
2 滝（たき火）

ぶんるいクイズ

上のことばはⒶとⒷどっちのグループに入るかな？

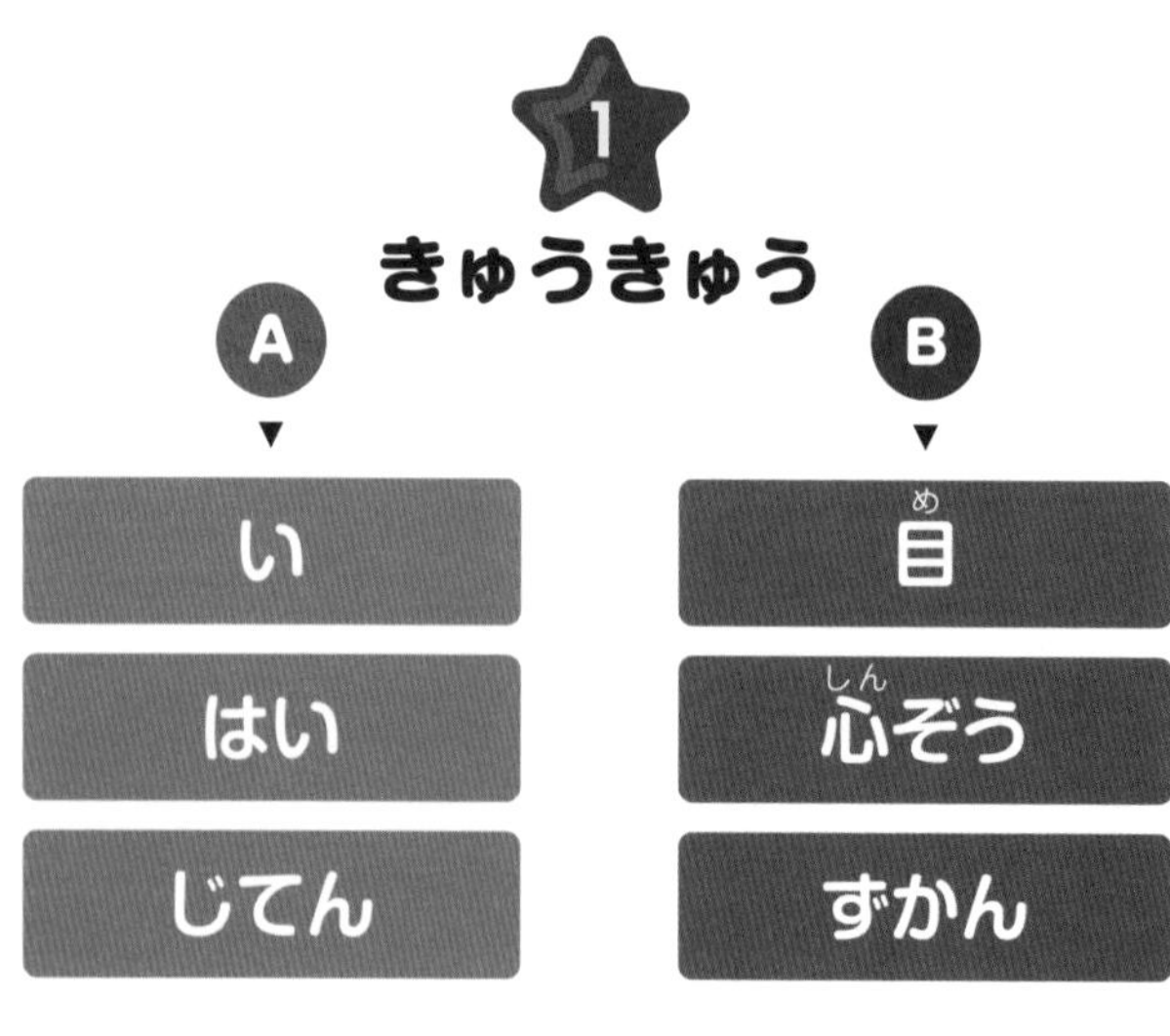

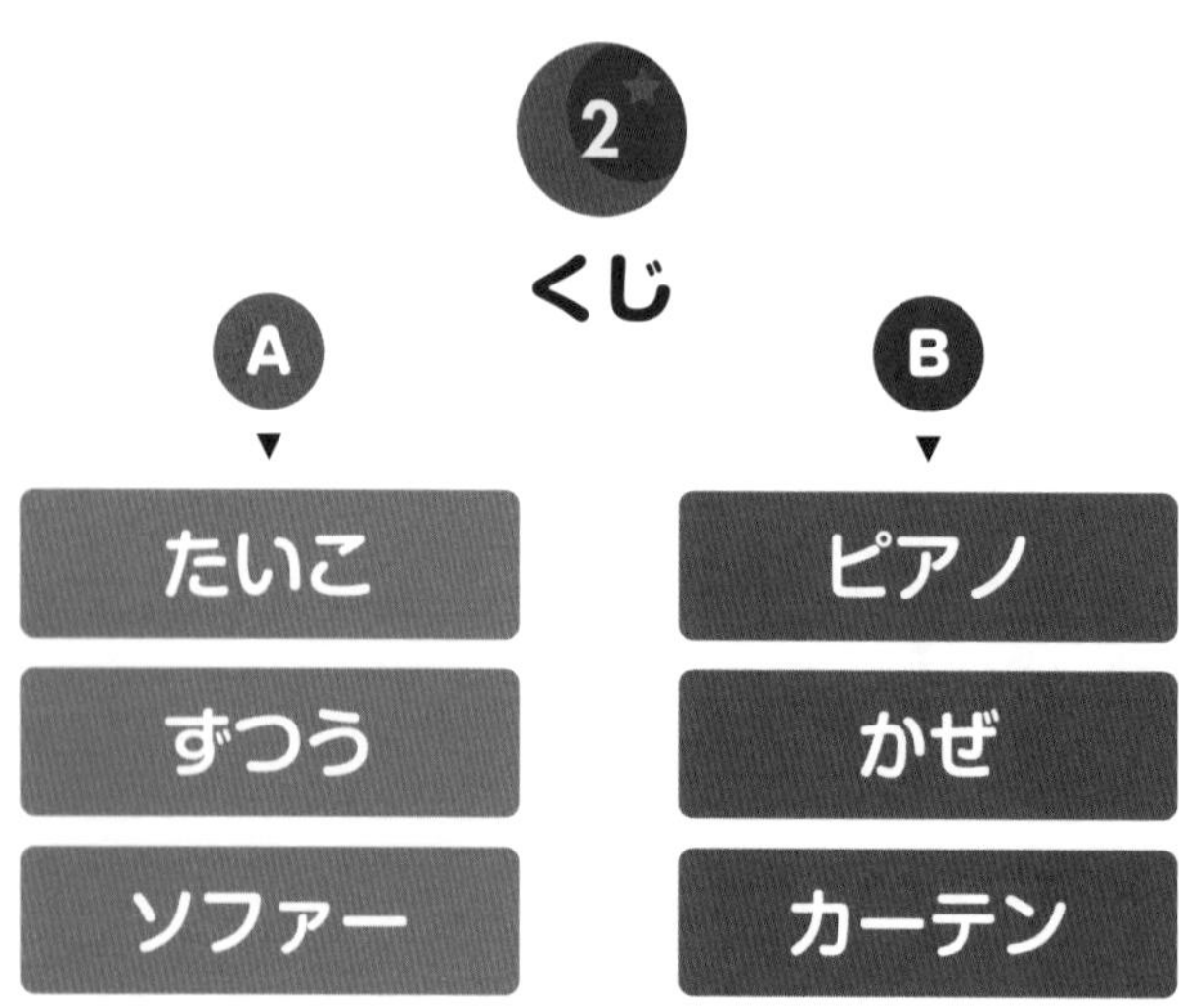

260ページのこたえ
1 10チャン（とうちゃん）　2 ゲームき
1 すべり台　2 ブランコ

1

バナナ、リンゴ、イチゴの中でかわなかったものってなーんだ？

2

おとしよりの顔にさかさまにとまっているトリってなーんだ？

3

3本のバナナを5人で同じように分けるにはどうすればいいかな？

切るいがいにも分ける方ほうがあるぞ

261ページのこたえ　1ゆうびん　2テーブル

レベル7

うちゅうのたんけん

307日目

やわらか

1

前にも後ろにも
右にも左にも
すすまないけど
上と下にはすすむ
のりものってなーんだ？

2

さむいきせつにつかう
すわるばしょなのに
たつっていわれる
ものなーんだ？

262ページのこたえ　1 A（Aは、「しゃ」がつけられる）　2 B（Bは、ひくもの）

1

スイッチをおすと
音の出るおもちゃを
いもうとにあげたけど
あそべないよ。
どうしてかな？

2

ならいごとに
行かなくちゃ
いけない曜日って
何曜日かな？

263ページのこたえ	1 イチゴ（皮なかった）　2 ワシ（さかさまにするとしわ） 3 ジュースにする

ネズミが通(かよ)っている学校(がっこう)ってなーんだ?

2

きはきでも空(そら)からふってくるきってなーんだ?

264ページのこたえ　1 エレベーター　2 こたつ

8と4と5を
つなげたらできる
長いものって
なーんだ？

2

ころんだ人、
くつがぬげた人、
ズボンがやぶれた人。
かけっこでさいごに
なったのはだーれだ？

265ページのこたえ　1 おさないから（幼い、押さない）　2 火曜日（通う日）

1

たまごをわっても
中みが出てこないよ。
なんでかな？

2

うちゅうに行ったり、
まほうつかいになったり、
なんでもできる
ゾウってなーんだ？

266ページのこたえ　1 中学校（チュウ学校）　2 雪

ダンゴムシとテントウムシ、かけっこでかったのはどっちだ？

タイはタイでもすぐ目(め)をとじちゃうタイってなーんだ？

267ページのこたえ　1 はしご　2 ズボンがやぶれた人(ひと)(ビリッ)

新聞の間から
チラチラのぞいている
紙ってなーんだ?

電車の中に
たくさん
ぶらさがっている
かわってなーんだ?

268ページのこたえ　1 ゆでたまごだから　2 そうぞう

1

びょういん
ではないのに
ちゅうしゃをする
ところってどーこだ?

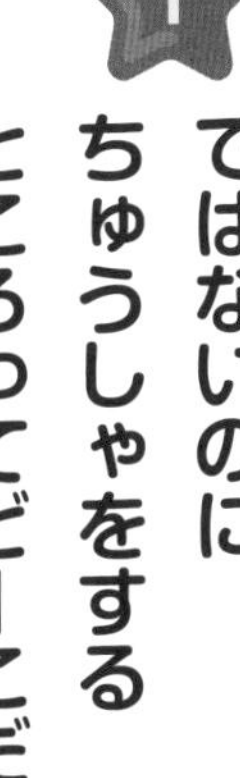

2

カキはカキでも
学校にかならずある
あかいカキって
なーんだ?

3

2つあると
こわれちゃう
花ってなーんだ?

269ページのこたえ　1 ダンゴムシ(テントウムシ=転倒) 2 ねむたい

たからばこを
みつけたよ。
どこから
出てきたかな？

2

つみ木を
つみかえたら
できたことって
なーんだ？

文字をならべかえてみよう

3

パンはパンでも
おこのみやきが
のっている
かたーいパンって
なーんだ？

270ページのこたえ　1チラシ　2つりかわ

1

だれにでもやってくる明(あか)るい日(ひ)ってなーんだ？

2

ロボットの中(なか)でいちばん四角(しかく)いのってなーんだ？

271ページのこたえ　1ちゅうしゃじょう　2しょうかき　3バラ（バラバラ）

1

頭にカメがくっついているどうぶつってなーんだ?

2

1年には1回、1か月には0回、1日には2回あるものってなーんだ?

3

トンボはトンボでも1本足で空をとぶトンボってなーんだ?

272ページのこたえ　1 田んぼから(田からばこ)　2 月見　3 てっぱん

1

スポーツせん手が
ふやしたり
おとしたりする
ものってなーんだ?

2

1本だと
人より大きくて、
2本だと人の手で
もてるくらい小さい
ものってなーんだ?

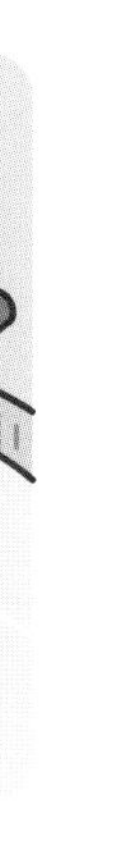

273ページのこたえ　1 明日　2「口」の文字

ウマ、ウシ、ブタ、
イノシシ、
どのどうぶつが
いちばん高く
売れたかな？

にものができないなべと
みえないメガネ、
やすいのは
どっちかな？

274ページのこたえ　1カメレオン　2「ち」の文字　3竹とんぼ

1 ドアが6こ
ついている
のりものって
なーんだ？

2 夏、ひと、昼、
サルの中で
1つだけちがう
ものってどーれだ？

休めるのはどれかな

1 ふたつが近づくと
かならずなにかを
引きさいてしまうよ。
これなーんだ？

2 1年に1回、
家の中がふくで
いっぱいになる
日っていつかな？

275ページのこたえ　1 体じゅう　2 はし（橋と箸）

1

おばさんに
毛がついたら
へんしんしたよ。
なにになったかな？

2

いろんなものを
はつめいする
はかせなのに、
人からかりないと
いけないものって
なーんだ？

3

カイはカイでも
毎月もらえて
つかうとへってしまう
カイってなーんだ？

276ページのこたえ
1 ウシ（モウかった）
2 なべ（にえん＝2円、みえん＝3円）

1

シロクマ、パンダ、タヌキの中でおもしろくないどうぶつってどーれだ?

2

天ぷらとおすし、名たんていがよく食べるのはどっちかな?

277ページのこたえ
1トロッコ(戸6こ)　2サル(ほかは「休み」をつけられる)
1ハサミ　2せつぶんの日(ふくはうち)

やわらか

めいろ

とちゅうのなぞなぞをときながら
スタートからゴールまですすんでね。

スタート

8時と10時の間に出てくる
海の生きものって
なーんだ？

ゴール！

こたえは319ページへ

278ページのこたえ　1 おばけ　2 は（歯かせ）　3 おこづかい

325日目

ひらめき

1

レンジにしっぽが生えるとどんなくだものになるかな？

2

きんはきんでもはじめはきれいでだんだんよごれてくるきんってなーんだ？

326日目

やわらか

ひっかけなぞなぞ

1

りくの上にはそらがあるけど、そらの上にはなにがあるかな？

2

1日に2回だけ正しい時間をさすのはどんな時計かな？

279ページのこたえ　1 タヌキ（尾も白くない）　2 おすし（酢入り＝すいり）

ぶんるいクイズ

上（うえ）のことばはAとBどっちのグループに入（はい）るかな？

力（ちから）

A	B
頭（あたま）	しり
花（はな）	草（くさ）
ガラス	かがみ

2

しゅっせき

A	B
写真（しゃしん）	絵（え）
年（とし）	月（つき）
金（きん）メダル	しょうじょう

1

しまの中に
6ぴきいる
どうぶつって
なーんだ？

2

おすが
大すきな
草ってなーんだ？

3

けんはけんでも
なにももたずに
かた手でしょうぶする
けんってなーんだ？

281ページのこたえ
1オレンジ　2ぞうきん
1シ（ドレミファソラシド）　2止まった時計

頭を回すと体がかくれ、
はんたいに回すと
体が出てくる
ものってなーんだ？

2

みその中から
聞こえてくる音って
なーんだ？

282ページのこたえ
1 B（Bは、おわりに「もち」がつく。しりもち、草もち、かがみもち、力もち）　2 A（Aは、とるもの）

1

めんきょのない
あかちゃんしか
のれない
車(くるま)ってなーんだ?

2

ふくはふくでも
大(おお)きくて食(た)べられる
ふくって
なーんだ?

331
日目
やわらか

1

こおってしまうくらい
おなかを
ひやしているこって
どんなこかな?

2

空(そら)はとべないけど、
空(そら)からふってくる
ことができる
どうぶつって
なーんだ?

283ページのこたえ　1 シロクマ（し6ま）　2 ススキ（す、すき）　3 じゃんけん

このみものって
なーんだ?

2

なんのちょうみりょうを
足(た)しているのかな?

284ページのこたえ 1ネジ　2ファ(ドレミファソ)

333日目

ひらめき

水の中に手を入れたのにやけたよ。なんでかな？

2

アリのパパとママ、正直なのはどっちかな？

334日目

近づくとかってにはなれて、遠ざかるとかってにくっつくものってなーんだ？

2

海の中におちたのにきえないひってなーんだ？

285ページのこたえ
1ベビーカー　2大ふく
1れいとうこ　2ヒョウ

1

ねこのこけしを
つくったら
なにがのこったかな？

2

あたらしいカンを
1000こならべたら
へんしんしたよ。
これってなーんだ？

3

チョウはチョウでも
みんなの前（まえ）に立（た）つと
ふるえてしまう
チョウってなーんだ？

286ページのこたえ　1ビール　2さとう（さ10）

336日目

1 なにも売らないのに
お金をもらえる
人ってだーれだ？

2 このはしらが
立っていると
ネズミが出ないよ。
これなーんだ？

337日目

1 目ではみないで、
したでみる
ものってなーんだ？

2 いつもきみの
まわりにいる
ものって
なーんだ？

「きみ」はなんのことをいっているかな

287ページのこたえ

1 ふやけたから　2 ママ（ありのまま）
1 じどうドア　2 夕日

1

2ひきのこん虫(ちゅう)から
できている
トリってなーんだ?

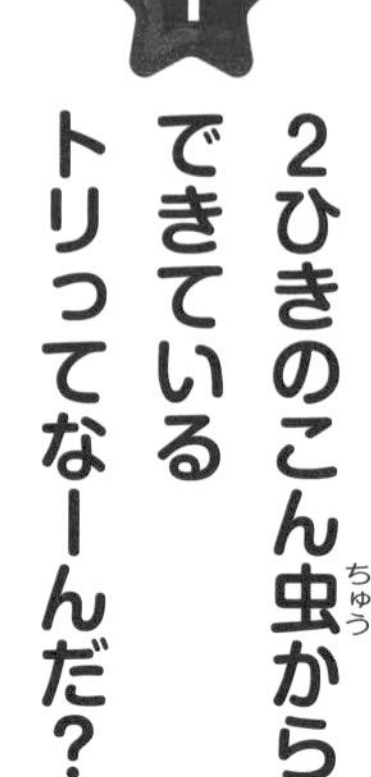

2

ぼうはぼうでも
すぐにおこる人(ひと)が
もっている
ぼうってなーんだ?

288ページのこたえ
1 ね(こけし=「こ」消(け)し) 2 しんかんせん
3 きんちょう

339日目
すいり

火星、水星、地きゅう。この中で、しょうぼうしょでいちばん人気の星ってどーれだ？

しょうぼうしょの電話番号を思い出して

2

国語、算数、音楽の中でうんがないものってどーれだ？

340日目

つりはつりでも女の子が楽しめるつりってなーんだ？

とてもかしこそうながっきってなーんだ？

289ページのこたえ

1 うらないし　2 でんちゅう（出ん、チュー）

1 あじ（味見）　2 しろみ（たまごのきみだから）

1

おにに
くっつくともらえる
ごちそうって
なーんだ？

2

カイはカイでも
走ったり投げたりして
きそっている
カイってなーんだ？

290ページのこたえ　1 ガチョウ（ガとチョウ）　2 おこりんぼう

1

おたまじゃくしが
紙の上にならんで
つくったものって
なーんだ?

2

かぜじゃないのに
いつもはなを
たらしている
どうぶつって
なーんだ?

3

いっしゅん
目をつぶると
みえるたきって
なーんだ?

291ページのこたえ
1地きゅう(119＝いちいちきゅう)　2国語(「う」と「ん」の字がない)
1ひなまつり　2リコーダー(りこうだ)

みんなにひつようとされていないくだものってなーんだ？

2

カエルとトカゲ、ひなたにいるのはどっちかな？

日（ひ）にあたるとできるものがあるぞ

3

パンはパンでもしあいのときにひつようなパンってなーんだ？

トンボ、インコ、チョウの中でパンになれないものってなーんだ？

2

十が2つとお日さまとお月さまが出会ったらなにになるかな？

293ページのこたえ　1 曲（おたまじゃくし＝音符）　2 ゾウ　3 まばたき

1
わるとつかえるけど、
おるとつかえなくなる
ものってなーんだ?

2
だれでも
すわれるのに
わたしだけ
すわれないのは
どーこだ?

1
きはきでも
2月(がつ)3日(か)にだけ
あらわれる
きってなーんだ?

2
きるとかえって
さむくなるよ。
これなーんだ?

きるとさむいが、つけるとあたたかいぞ

294ページのこたえ
1 ヨウナシ(用(よう)なし) 2 トカゲ(カゲがあるから)
3 しんぱん

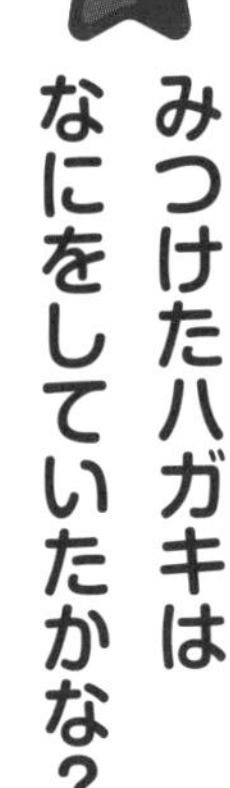

1

みつけたハガキは
なにをしていたかな？

2

きんはきんでも
もらいたくない
きんって
なーんだ？

295ページのこたえ
1 インコ（トンボ、チョウは虫→むしパン）
2 朝（十+日+十+月）

ぶんるいクイズ

上のことばはAとBどっちのグループに入るかな?

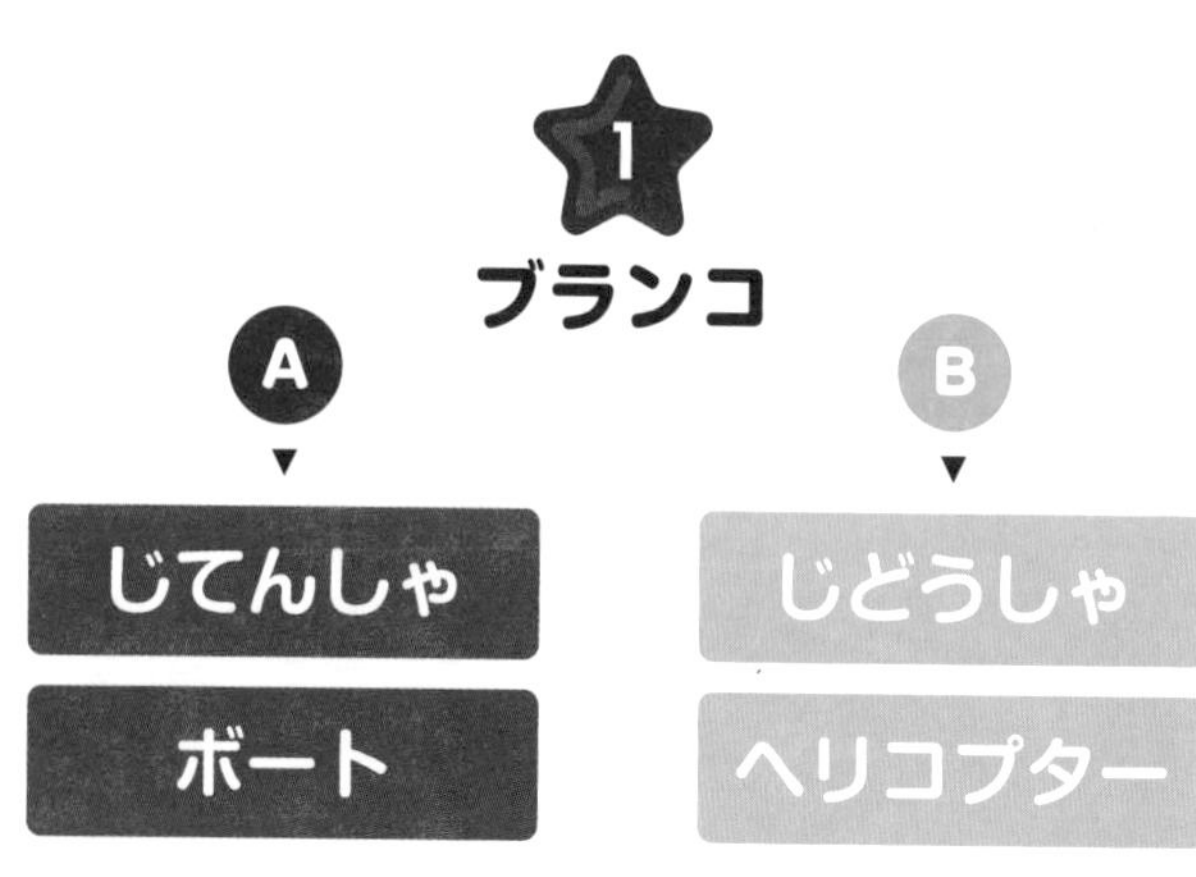

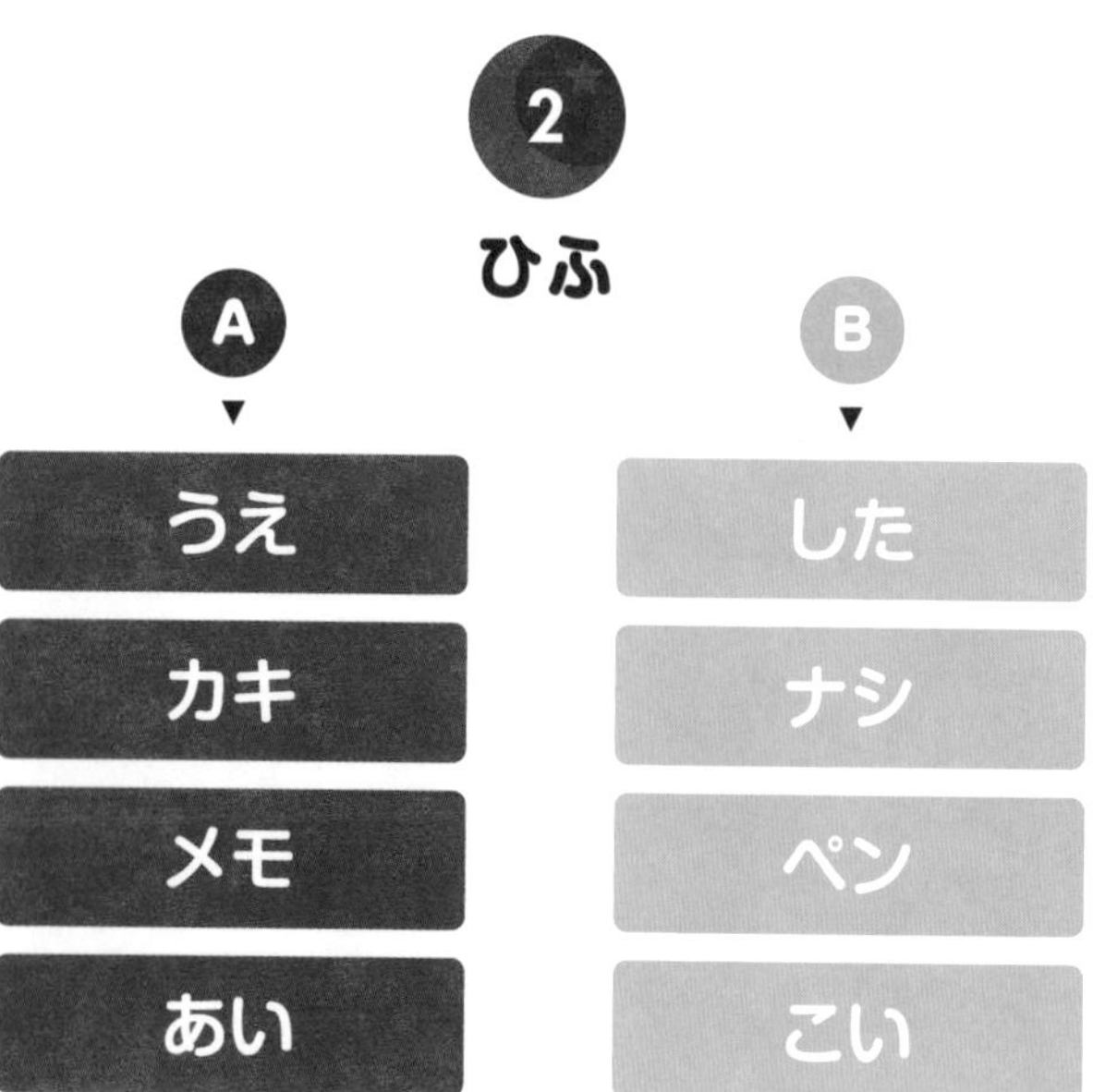

みつけよう

同じおりょうりを1組みつけてね。

こたえは319ページへ

297ページのこたえ　1 はみがき（ハガキに「み」をつける）　2 バイキン

1

たいこの中に
海の生きものが2ひき
入っていたよ。
さてなーんだ？

2

けんはけんでも
ボールをさしたり
まわしたりする
けんってなーんだ？

298ページのこたえ
1 A（Aは、こぐもの）
2 A（Aは、五十音のつづきの音でできていることば）

としのりくんと
たかとしくん、
どちらが年上かな？

2

車と同じスピードで
走れるカラスって
なーんだ？

352
日目
ひらめき

おばあさんが
つくのはつえ。
でたらめばかり
いう人がつくのは
なーんだ？

2

カンはカンでも
本がいっぱい
入っている
カンってなーんだ？

1

この小学生は何年生かな？

2

このかんばんはまちがいなんだって。本当はなんて書いてあるのかな？

354日目

ひらめき

1 おすが10こならぶと
おいしい
のみものになるよ。
さてなーんだ？

2 クリはクリでも
ハチにさされた
クリって
なーんだ？

355日目

やわらか

1 かった人は
わらわなくて、
まけた人は
わらうものって
なーんだ？

2 火のあるところに
やってくる
ぼうしって
なーんだ？

301ページのこたえ
1 としのりくん（としが上にある＝年上だから）　2 車のまどガラス
1 うそ　2 としょかん

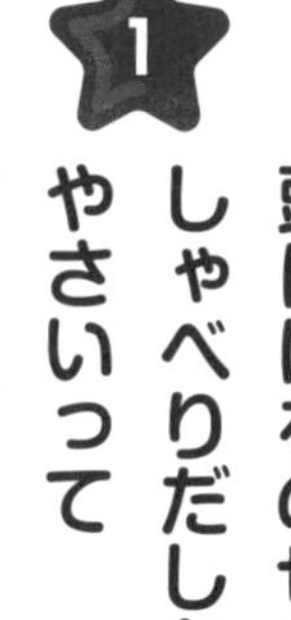

1 頭にはをのせるとしゃべりだしちゃうやさいってなーんだ？

2 花の中に家を入れると出てくるどうぶつってなーんだ？

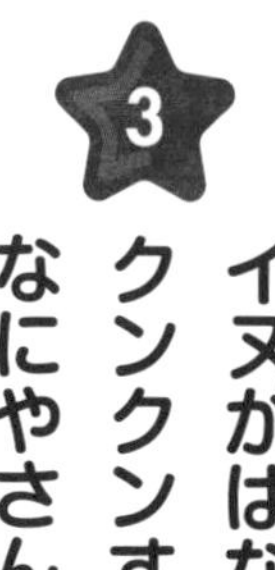

3 イヌがはなをクンクンする店はなにやさんかな？

302ページのこたえ
1 1年生（入学生→にゅうが9）
2 イルカショー（マチルカの「まち」が「い」→イルカ）

えとき なぞなぞ

1 このどうぶつって なーんだ？

2 この花の名前はなーんだ？

303ページのこたえ
1 ジュース（10す） 2 ちくり
1 にらめっこ 2 しょうぼうし

358日目
ひらめき

1
カモメはもっているけど、カモはもっていないおかしってなーんだ？

2
せきはせきでもふしぎなことがおこるせきってなーんだ？

359日目
やわらか

1
ひろったのにお金をはらわなくちゃいけないものってなーんだ？

2
小さなものを大きくできるけど、小さくはできないものってなーんだ？

304ページのこたえ　1 ナス（はなす）　2 ハイエナ　3 かぐやさん

どろぼう、おばけ、くさったたまご、この中できみがわるいものってどーれだ？

2

5本のローソクに火をつけて、3本けしたら何本のこるかな？

305ページのこたえ　1 ネズミ（ネ、すみ）　2 パンジー

1
エビが
えがおになったら
へんしんしたよ。
なにになったかな？

2
みそはみそでも
なぞなぞのこたえを
考えたりする
みそってなーんだ？

3
子どもとおかあさんが
ねているよ。
すみでねているのは
どっちかな？

306ページのこたえ
1 モナカ（「も」が中） 2 きせき
1 タクシー 2 マイク

362日目

やわらか

夏はつめたいぼう、冬はあたたかいぼうになるものってなーんだ？

かべからは入れないけど、しっかりしめたまどからは入れるものってなーんだ？

307ページのこたえ　1 ぜんぶ　2 3本（火のついた2本はもえてなくなるから）

363日目

ひらめき

水たまりを通ると
出てくる
のりものって
なーんだ？

2

せなかをかいてと
いわれたので
かいたのに
おこられたよ。
なんでかな？

364日目

お日さまから
生まれたよ。
これなーんだ？

2

一＋一は
二じゃなくて
えらい人になるよ。
どんな人かな？

かん字をおもい
うかべてみよう

308ページのこたえ　1 おび（「え」が「お」）　2 のうみそ　3 おかあさん（親すみ）

5人でかけっこ。
わたしは3いを
ぬかしたよ。
今なんいかな？

2

「あれをみて！」と
ゆびをさしたら
ゆびの先には
なにがあったかな？

309ページのこたえ　1 エアコン（れいぼう、だんぼう）　2 光

ゲームきがこわれてしまうちょうみりょうってなーんだ？

2

オリの中にわを入れるとどうなるかな？

こたえは313ページへ

310ページのこたえ	1 馬車（バシャッ）　2「せなか」という字を書いたから 1 星（日＋生→星）　2 王

366日

たっせいおめでとう！

なんどでも
あそんでみて！

おまけ ちょっとむずかしい土星のめいろにチャレンジ！

スタート

ゴール！

こたえは319ページへ

311・312ページのこたえ	1 3い（2いじゃないよ） 2 つめ 1 コショウ（故障） 2 おわり

おたのしみもんだいの こたえあわせ

14・15ページ えさがしのこたえ

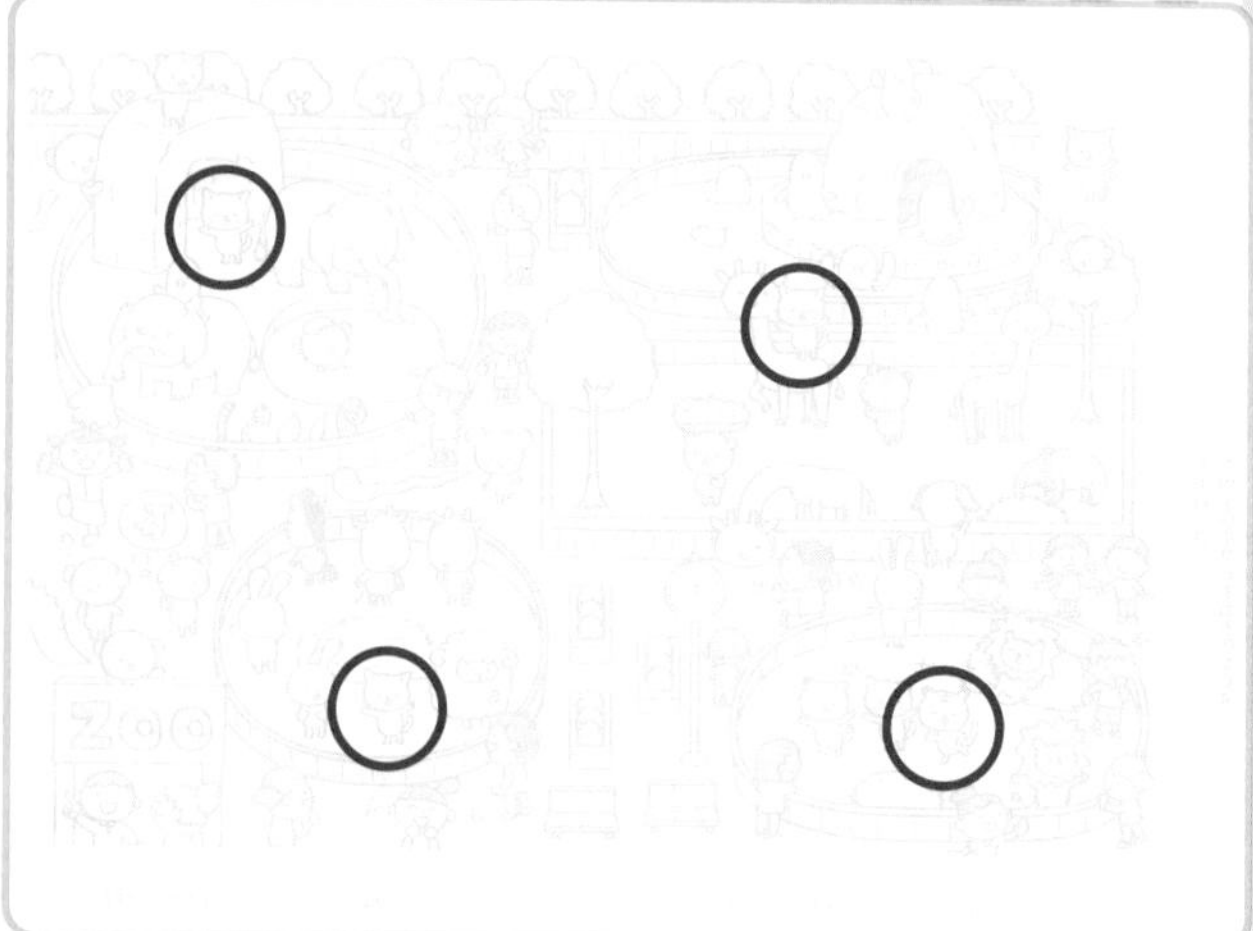

37ページ えしりとりのこたえ

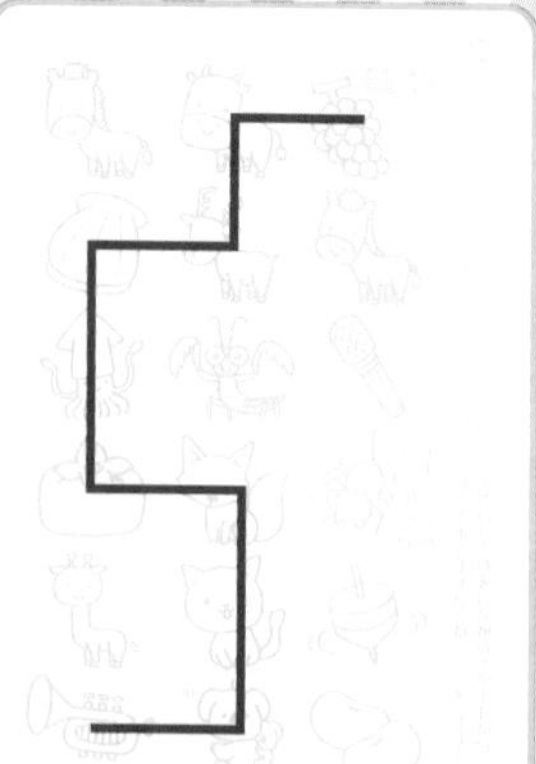

23ページ まちがいさがしのこたえ

しりとりのこたえ　ブドウ→ウシ→シカ→カイ→イカ→カキ→キツネ→ネコ→コアラ→ラッパ

52・53ページ

めいろのこたえ

なぞなぞのこたえ　クマ（にくまん）　ほうちょう

81ページ

まちがいさがしのこたえ

65ページ

えさがしのこたえ

118ページ

みつけようのこたえ

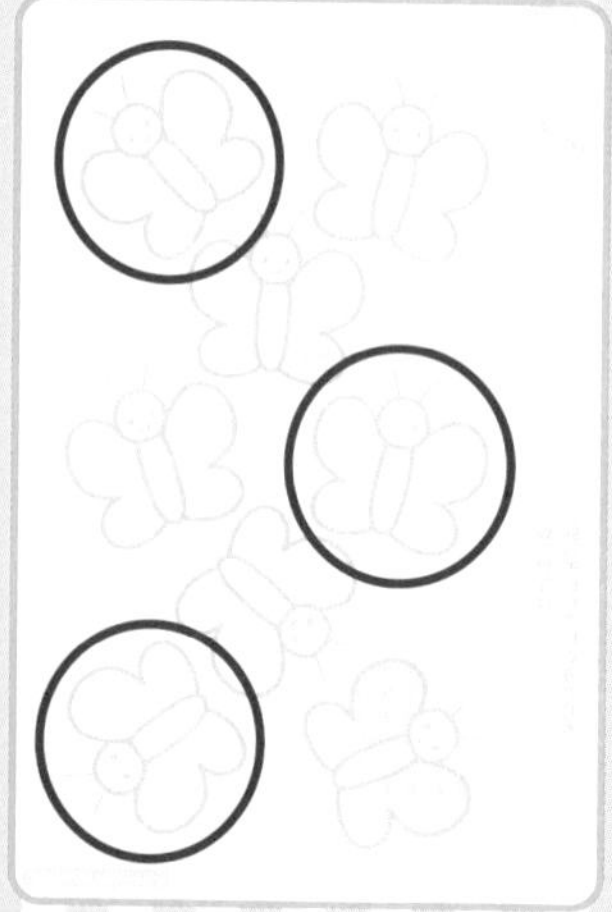

105ページ

めいろのこたえ

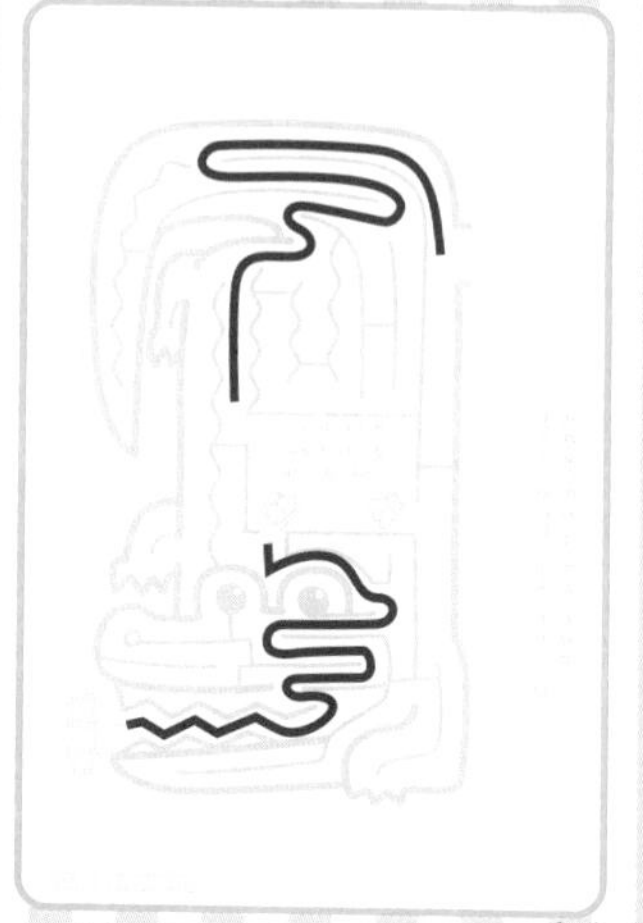

なぞなぞのこたえ　クモ（だいふくもち）

167ページ

めいろのこたえ

なぞなぞのこたえ　ヒヨコ（火よこ）

129ページ

まちがいさがしのこたえ

140・141ページ　えさがしのこたえ

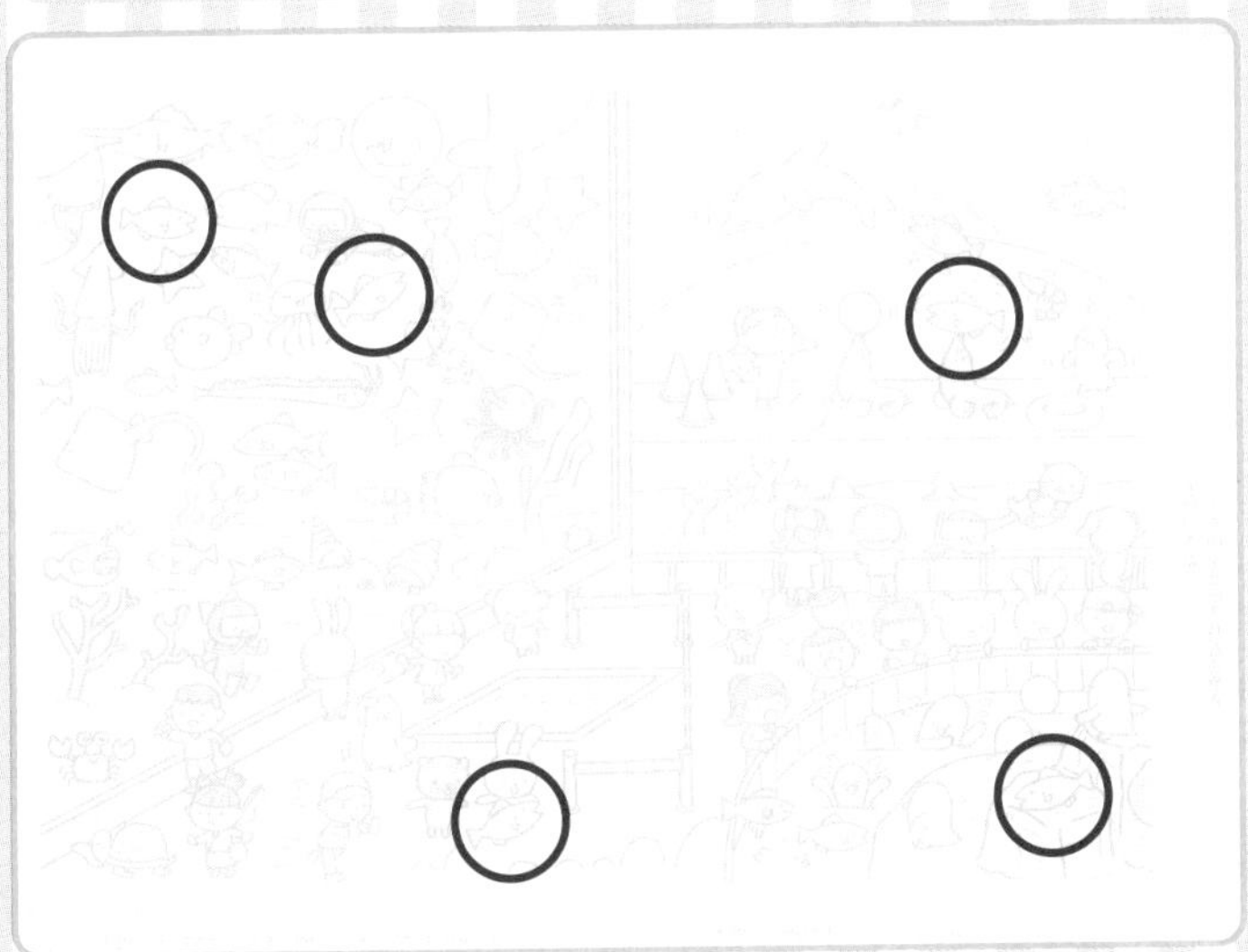

184ページ　えしりとりのこたえ

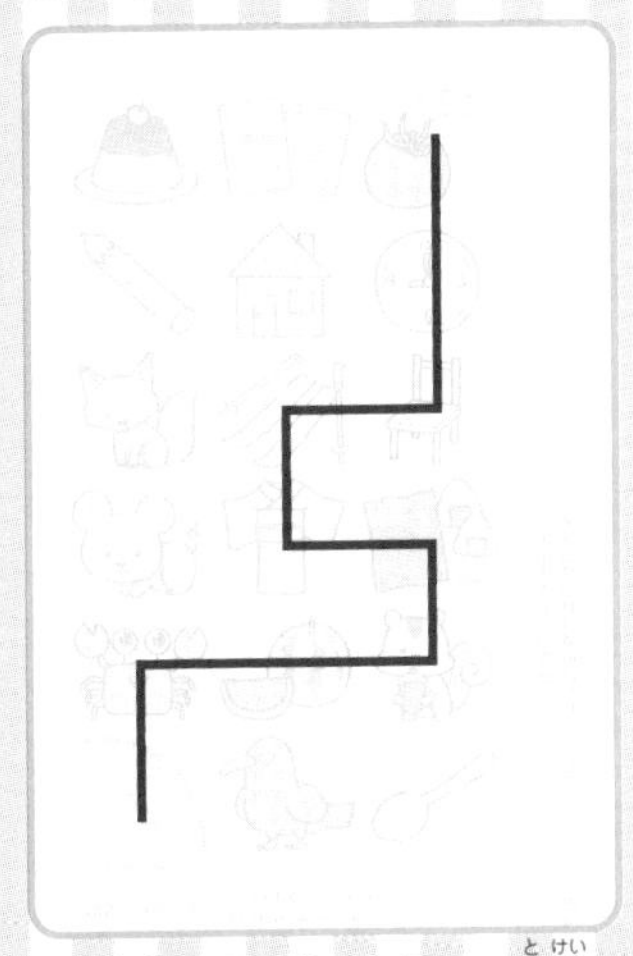

しりとりのこたえ　トマト→時計（とけい）→いす→スキー→きもの→のり→リス→スイカ→カニ→にじ

177ページ　まちがいさがしのこたえ

217ページ

まちがいさがしのこたえ

195ページ

えさがしのこたえ

240ページ

みつけようのこたえ

226ページ

めいろのこたえ

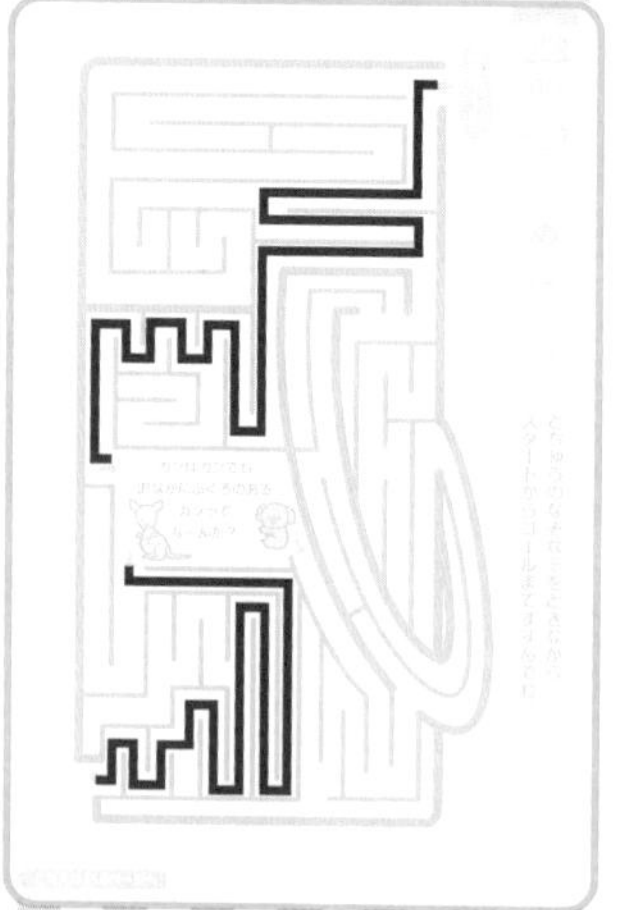

なぞなぞのこたえ　カンガルー

280ページ

めいろのこたえ

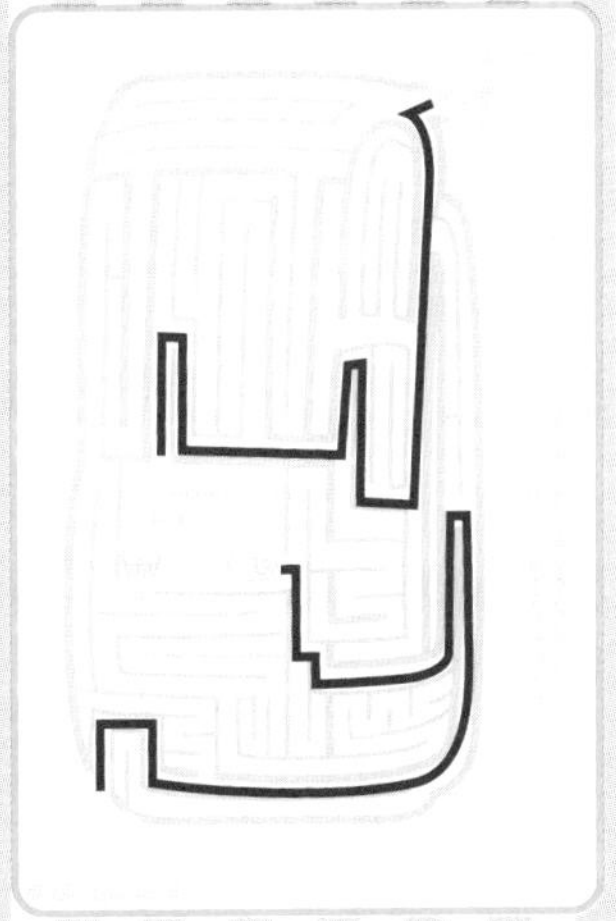

なぞなぞのこたえ　クジラ（9時[じ]ら！）

251ページ

えさがしのこたえ

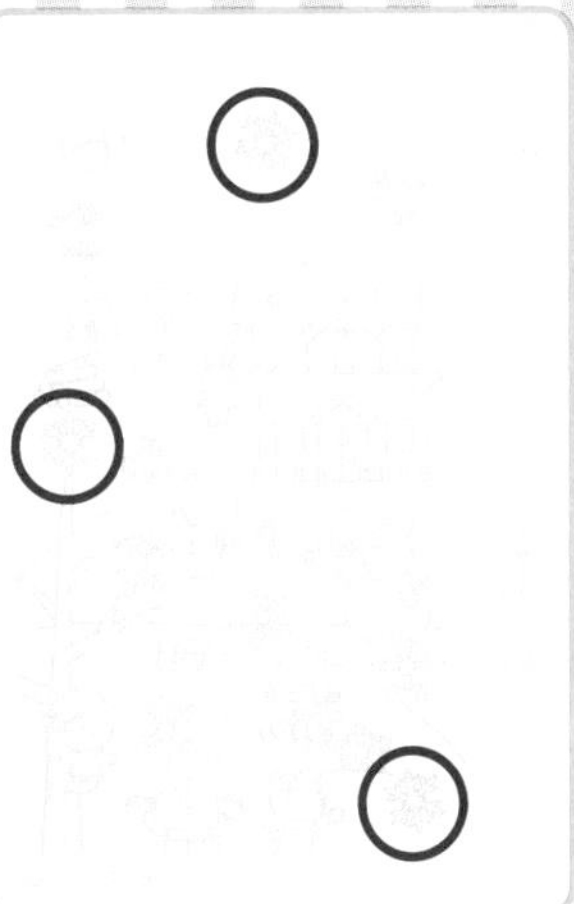

313ページ

土星のめいろのこたえ

299ページ

みつけようのこたえ

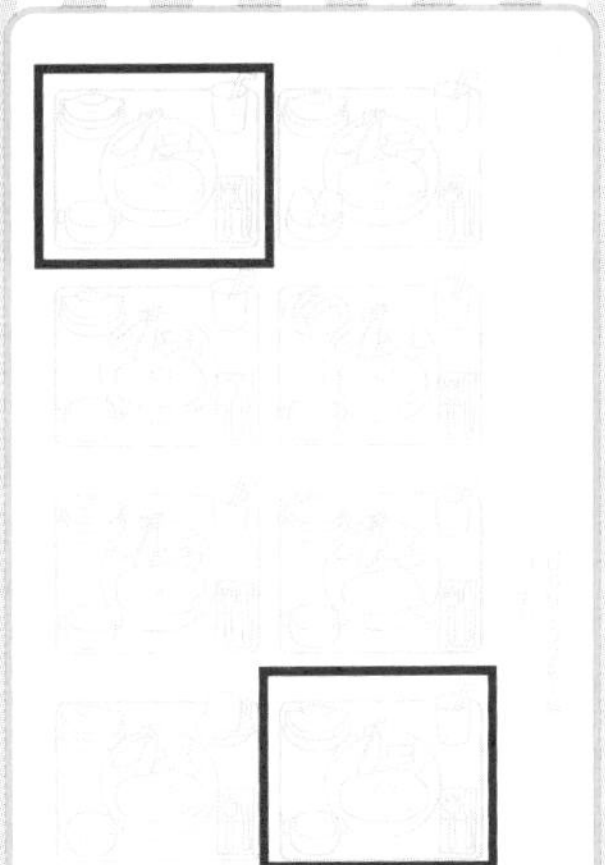

監修者 **篠原菊紀**（しのはら きくのり）

公立諏訪東京理科大学工学部情報応用工学科教授。人システム研究所長。専門は脳科学、応用健康科学。遊ぶ、運動する、学習するといった日常の場面における脳活動を調べている。ドーパミン神経系の特徴を利用し遊技機のもたらす快感を量的に計測したり、ギャンブル障害・ゲーム障害の実態調査や予防・ケア、脳トレーニング、AI（人工知能）研究など、ヒトの脳のメカニズムを探求する。

イラスト	久野貴詩、森のくじら、稲葉貴洋、河南好美、すどうまさゆき
デザイン	村口敬太（Linon）
編集協力	篠原明子、高島直子

※本書は当社刊『あたまがよくなる！寝る前なぞなぞ366日』（2017年11月発行）に収録されている内容を一部変更して再編集したものです。

あたまがよくなる！ 寝る前なぞなぞ366日DX

2024年4月30日発行　第1版
2024年7月25日発行　第1版　第2刷

監修者	篠原菊紀
発行者	若松和紀
発行所	株式会社 西東社
	〒113-0034　東京都文京区湯島2-3-13
	https://www.seitosha.co.jp/
	電話　03-5800-3120（代）

※本書に記載のない内容のご質問や著者等の連絡先につきましては、お答えできかねます。

ISBN 978-4-7916-3355-5